Digestenexegese

Fälle mit Lösungen für die Prüfung aus römischem Recht

von

Dr. Markus Wimmer

a. Universitätsprofessor in Linz

Wien 2007

Manzsche Verlags- und Universitätsbuchhandlung

Zitiervorschlag: *M. Wimmer*, Digestenexegese^2 (2007) [Seite].

Printed in Austria

ISBN 978-3-214-07210-0

Telefon: (01) 531 61-0
eMail: verlag@MANZ.at
World Wide Web: www.MANZ.at
Satz: Dr. Rainer Clauss, 1210 Wien
Druck: Novographic, 1230 Wien

Vorwort

Das vorliegende Büchlein willfährt dem vielfach geäußerten Wunsch der Studenten des römischen Rechts, prüfungsrelevante Quellen *mit Lösungen* zu präsentieren. Nach Art der schönen Schrift von *Ernst Zitelmann,* Digestenexegese, Berlin-Grunewald 1925, sollen dabei die Denkschritte möglichst sichtbar bleiben. Die knappe Auswahl der Stellen folgt nicht nur dem Gesichtspunkt der ad hoc bei der Prüfung vorzubringenden Exegese, sondern will auch das dogmengeschichtliche Verständnis fördern. Dabei soll bewusst werden, dass den Bestimmungen des ABGB bisweilen entweder überhaupt bestimmte Digestenstellen zu Grunde liegen (ich greife willkürlich heraus: § 1439; § 1434), oder doch ein Sachproblem, das sich früher wie heute gleich stellt (etwa die Parallele von D 21, 3, 1, 1 zu § 366 letzter Satz oder von D 12, 1, 23; D 6, 1, 17 pr. zu § 1041 ABGB). Der letzte Anhang soll dieses Verständnis vertiefen, wie sich denn auch die beiden Anhänge an Studenten des rechtsgeschichtlichen Studienschwerpunktes wenden.

Für das Erbrecht soll anhand einer eng begrenzten Themenstellung ein Grundverständnis für erbrechtliche Probleme geweckt werden. Den unterschiedlichen Schwierigkeitsgrad der einzelnen Digestenstellen habe ich in Kauf genommen; lediglich die mit * gekennzeichneten Quellen eignen sich weniger gut als Prüfungsstoff.

Die Deutungsvorschläge decken sich zumeist mit der herrschenden Interpretation.

Die zweite Auflage enthält die im Umfang geringfügig erweiterte und im Deutungsverständnis der Quellen hier und da geänderte Fassung. Die gelegentlich eingestreuten Fälle sollen Konsequenzen einer Thematik für gewisse Konstellationen, in denen man dasselbe Prinzip vielleicht nicht auf Anhieb sieht, aufzeigen. Zu den Quellenstellen mache ich auf die vorzüglichen Fragestellungen bei *Hausmaninger/Gamauf,* Casebook zum römischen Sachenrecht sowie zum römischen Vertragsrecht (in der aktuellen Auflage) mit weiteren Literaturnachweisen besonders aufmerksam.

Mein Dank gilt Frau *Margareta Hammerl,* Frau Mag. Dr. *Birgit Heger* und Frau Mag. *Natalia Petrova* für die kritische Durchsicht und dem Verlag für die rasche Drucklegung.

Linz, im August 2007 *Markus Wimmer*

Inhaltsverzeichnis

I. Sachenrecht

A. Besitz

D 41, 2, 32, 1 (Paul. 15 ad Sab.)

Si conductor rem vendidit et eam ab emptore conduxit et utrique mercedes praestitit, prior locator possessionem per conductorem rectissime retinet.

Wenn der Mieter die (Miet-)Sache verkauft und sie vom Käufer gemietet und beiden den Mietzins gezahlt hat, behält der erste Vermieter ganz zu Recht den Besitz durch den Mieter.

Die Beteiligten: Vermieter V und Mieter M; in der Ausgangslage des Geschehens: Der Mieter vermittelt als Detentor dem V den Besitz, der damit *mittelbarer Besitzer* ist.

Dann verkauft der Mieter die Sache an einen Dritten und mietet von diesem die Sache zurück. Darin könnte ein *Besitzkonstitut* liegen, das hier aber *scheitern* muss:

Im Normalfall des Besitzkonstituts („Verkaufen und Zurückmieten“ mit dem wirtschaftlichen Hintergrund der Deckung eines Kapitalbedarfes: V/M hat so den Kaufpreis, was seine Liquidität erhöht und die Zinszahlungen kann er sich damit leicht leisten) geschieht ein *abgeleiteter Besitzerwerb:* Der Käufer erwirbt derivativ vom Verkäufer den Besitz, der dann als Detentor dem Käufer den Besitz weiterhin vermittelt.

Hier aber konnte der Käufer vom Verkäufer/Mieter keinen Besitz ableiten, weil der zurückmietende Verkäufer selbst nicht Besitz, sondern bloße Innehabung hatte und seine Inhaberschaft für seinen Vermieter aufrechterhielt, indem er an diesen den Mietzins weiterhin zahlte[1]).

Daher hat das *durch fehlgeschlagenen abgeleiteten Besitzerwerb misslungene Besitzkonstitut* die erste Besitzmittlung nicht beseitigt.

---

[1]) Besitzrechtlich ist das furtum durch nichtautorisierten Verkauf der wissentlich fremden Sache irrelevant, weil das Besitzmittlungsverhältnis für den Vermieter aufrecht blieb.

D 41, 2, 30, 6 (Paul. 15 ad Sab.)

Si ego tibi commodavero, tu Titio, qui putet tuum esse, nihilo minus ego id possidebo. ...

Wenn ich dir etwas geliehen habe und du es dem Titius, der meinte, es gehöre dir, so werde ich es dennoch besitzen. ...

Das Leihverhältnis zwischen ego und tu: tu vermittelt dem ego den Besitz (– der mithin *mittelbarer Besitzer* ist). Dann die leihweise Weitergabe von tu an Titius: Der letzte Entlehner Titius vermittelt dem tu, der bloßer Detentor für ego blieb, den „Besitz", weil er an tu zurückgeben will[2]). Da die Besitzmittlungsverhältnisse „tu für ego" und „Titius für tu" aufrecht sind, weil beide Inhaber in ihren Detentorenrollen für ihren jeweiligen Vertragspartner blieben, ist die Detentorenkette für ego geschlossen[3]). (Je länger die *Detentorenkette* freilich wäre, um so mehr „verdünnte" sich die mittelbar ausgeübte faktische Kontrolle über die Sache).

Genauer: Was ist die Detentorenkette? Eine *Kette der Besitzmittlungsverhältnisse.*

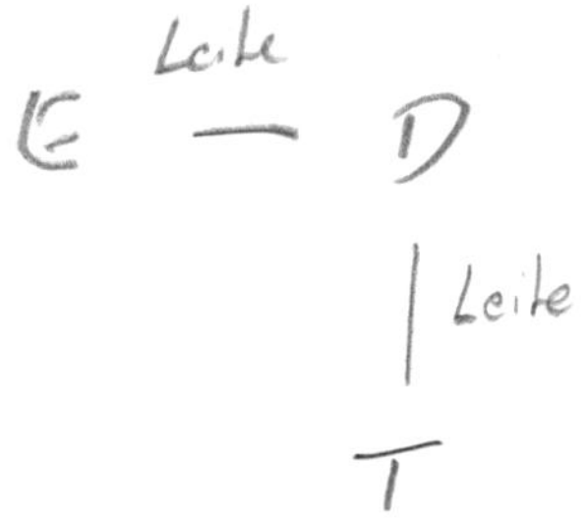

[2]) Als redlicher Entlehner hat er keinen Willen, die Sache als die seinige zu behalten, keinen *animus possidendi.* Auch ist gleichgültig, ob tu zur Weitergabe befugt oder unbefugt war, solange die Beteiligten in den Detentorenrollen bleiben. Und der Irrtum des Titius schadete nicht, weil es belanglos ist, ob er an tu als Eigentümer oder Detentor herausgeben will; es kommt nur darauf an, dass er an tu zurückstellen will.

[3]) Wer könnte sie unterbrechen? Tu, indem er die Sache unterschlägt. Wäre sie auch unterbrochen, wenn Titius keine genaue Vorstellung davon hatte, wem die Sache gehört? Solange er an seinen Vertragspartner zurückstellen will, spielt das keine Rolle. Und wenn die Leihe ego – tu beendet ist? Dann muss tu sich um die sofortige Rückstellung bemühen.

D 41, 2, 21, 3 (Iav. 7 ex Cass.)

Qui alienam rem precario rogavit, si eandem a domino conduxit, possessio ad dominum revertitur.

Wenn der, der eine fremde Sache zu Bittleihe[4]) erbeten hat, dieselbe (dann) vom Eigentümer gemietet (oder gepachtet) hat, kehrt der Besitz an den Eigentümer zurück.

Die Beteiligten in ihren Rollen: Der *precario dans* ist Nichteigentümer; man kann von seiner Redlichkeit ausgehen; dann ist er als Ersitzungsbesitzer zu denken. Der Prekarist erfährt, dass die Sache fremd ist und mietet (oder pachtet) sie vom Eigentümer: Wieso? Um sich mit dem Eigentümer (außergerichtlich) zu arrangieren; sonst klagte E den Prekaristen auf Herausgabe. So aber kann er die Sache weiter benützen (bzw bewirtschaften und hat den Pachtertrag).

Besitzrechtlich: Wie wechseln die Besitzpositionen?

Die erste Etappe und seine Beteiligten: 1) Der *precario dans* ist Ersitzungsbesitzer (und als solcher Interdiktenbesitzer); er besitzt die Sache mittelbar durch den innehabenden Prekaristen, der ihm die Sache bei jederzeitigem Widerruf zurückgeben will. 2) Der Prekarist ist interdiktengeschützter Detentor.

Zweite Etappe: Der Prekarist mietet (oder pachtet) von E. Jetzt wechselt die Innehabung für den *precario dans* zur Innehabung für den Eigentümer: Der Prekarist vermittelt nun dem E den Besitz, weil er als Mieter (Detentor) nach Ablauf des Mietvertrages (oder Pachtvertrages) die Bestandsache dem E zurückgeben will. Im Wechsel des Besitzmittlungsverhältnisses von „Innehabung für den *precario dans*" auf „Innehabung nun für den E" liegt ein Besitzkonstitut (heute: § 428 ABGB, Fall 1).

Damit hörte auf: Der Interdiktenbesitz und mittelbare Besitz für den *precario dans,* womit dessen *Ersitzungsbesitz unterbrochen* wurde. Und zugleich: Der Interdiktenbesitz für den Prekaristen.

E muss also eine Ersitzung durch den *precario dans* nun nicht mehr fürchten und erspart sich die Vindikation.

---

[4]) Sprachlich: precario ist Dativus finalis.

B. Ersitzung

D 41, 3, 12 (Paul. 21 ad ed.)

Si ab eo emas, quem praetor vetuit alienare, idque tu scias, usucapere non potes.

Wenn du von dem, dem der Prätor verboten hat zu veräußern, kaufst und du das weißt (sc. *vetuit*), so kannst du nicht ersitzen.

Sachverhalt: Der Prätor sprach über das Vermögen des Verkäufers ein Veräußerungsverbot aus. Der Käufer kannte das Veräußerungsverbot, aber kaufte dennoch.

Entscheidung: Ausschluss der Ersitzung.

Wieso stellte sich überhaupt ein Ersitzungsproblem? Hat K von einem Nichteigentümer gekauft? Nein, sondern verbotswidrig vom Eigentümer. Welches Rechtsgeschäft ist fehlgeschlagen? Das Verfügungsgeschäft. (Somit lässt sich folgern: Wie wirkt das prätorische Veräußerungsverbot? Dinglich und nicht bloß obligatorisch[5])). Daher stellte sich wegen des nichtigen Verfügungsgeschäftes (womit der abgeleitete Erwerb fehlschlug) hier ein Ersitzungsproblem. Der Kaufvertrag ist freilich gültig. Woraus ist das zu schließen? Aus der Variante, die sich aufdrängt: Wusste der Käufer nichts vom Verbot, so kann er ersitzen. Kannte er aber das Verbot, dann scheitert die Ersitzung an der *fehlenden Redlichkeit* des Käufers.

---

5) Was bedeuten würde: Eine verbotswidrige Veräußerung ist wirksam, macht aber den Verfügenden gegenüber dem Verbotsberechtigten schadenersatzpflichtig. Kommt für unsere Stelle ein Verbotsberechtigter in Frage?

D 18, 2, 4 pr. (Ulp. 28 ad Sab.)

Ubi autem condicionalis venditio est, negat Pomponius usucapere eum posse nec fructus ad eum pertinere.

Wo aber der Kauf bedingt ist, verneint Pomponius, dass er (sc der Käufer) ersitzen könne und dass ihm die Früchte gehören.

Vorbemerkung: Die Stelle gehört zur *in diem addictio* (Bessergebotsklausel, dh: Der *Verkäufer* kann binnen bestimmter Frist vom Kaufvertrag zurücktreten, wenn er einen besseren Käufer findet, der bereit ist, ihm einen höheren Preis zu zahlen; vgl D 18, 2, 1; D 18, 2, 4, 6; heute: § 1083 ABGB). Unter den Juristen war strittig, ob aufschiebende oder auflösende Bedingung der *in diem addictio* entsprach: D 18, 2, 2 pr.; aufschiebend bedingt war die *in diem addictio,* wenn sie negativ gefasst war (vereinbart ist, dass der Kauf perfekt wird, *wenn nicht* ein besseres Gebot gemacht wird: hoc actum est, ut perficiatur emptio, *nisi* melior condicio offeratur [D 18, 2, 2 pr.]). Nach später wohl durchgedrungener Ansicht war der Kauf unter Bessergebotsvorbehalt auflösend bedingt (Paul./Iul. D 41, 4, 2 pr.; Ulp. D 18, 2, 2 pr.).

Mit der herrschenden Interpretation ist die Stelle von der aufschiebenden Bedingung der Bessergebotsklausel zu denken[6]). Dann bildet der Kauf während der Schwebezeit keine *causa acquirendi* (gleichbedeutend: keine *iusta causa usucapionis,* also noch keinen Erwerbstitel; erst mit Bedingungseintritt könnte die Ersitzung beginnen; vgl D 41, 4, 2, 3). Und die weitere Konsequenz nach dem Prinzip der kausalen Tradition? Auch die Traditionswirkung hängt vom Bedingungseintritt ab. Stellt sich *deshalb* die Ersitzungsfrage und redet die Stelle nur von der Pendenz? Nein, sondern erörtert wird, was mit Ausfall der Bedingung werden soll[7]). Dann wird *usucapio* und Fruchtziehung dem Käufer abgesprochen. Was wird somit noch verneint? Sachenrechtlich auch der originäre Fruchterwerb des redlichen Besitzers (da K hier kein redlicher Besitzer ist). Und schuldrechtlich die Zuweisung der Früchte an den Käufer, weil der Kauf noch nicht perfekt ist (– wie ist nämlich sonst die Rechtslage? Mit *Perfektion des Kaufvertrages* sind dem Käufer alle Vorteile und Nutzungen der Kaufsache zugewiesen).

Und wenn die Bedingung auflösend zu denken wäre? Dann würde usucapio und Fruchtziehung sachenrechtlich, aber nicht schuldrechtlich dem Käufer zugesprochen (D 18, 2, 6 pr.), ihm aber auch die Gefahr auferlegt[8]).

---

[6]) *Peters,* Die Rücktrittsvorbehalte des römischen Kaufrechts (1973) 133 Anm 3; 140 f.

[7]) So auch *Krückmann,* Einige Randfragen zum periculum emptoris, SZ 59 (1939) 26.

[8]) Vgl *Krückmann,* aaO.

D 41, 4, 2, 19 (Paul. 54 ad ed.)

Si defunctus bona fide emerit, usucapietur res, quamvis heres scit alienam esse. ...

Wenn der Erblasser gutgläubig gekauft hat, so wird die Sache ersessen werden, auch wenn der Erbe weiß, dass sie fremd ist. ...

Welche sachenrechtliche Position hatte der Erblasser? Ersitzungsbesitzer. Der bösgläubige Erbe beerbt ihn. In welchem Zeitpunkt war der Erbe schlechtgläubig? Von vornherein und damit *bei Erwerb des Nachlassbesitzes.* Überrascht also die Entscheidung *usucapietur,* weil für die Ersitzung Gutgläubigkeit im Erwerbszeitpunkt verlangt wird und der Erbe in diesem Zeitpunkt unredlich ist? Jedoch: Was ist der Erbe? Gesamtrechtsnachfolger (Universalsukzessor) nach dem Ersitzungsbesitzer. Damit beginnt er nicht neu zu ersitzen, sondern *tritt in die bestehende Ersitzungslage ein und setzt sie fort.* Der Grundsatz der Redlichkeit im Erwerbszeitpunkt ist sohin nicht durchbrochen.

C. Derivativer Eigentumserwerb

Fall: Ein Nichteigentümer (V) verkauft eine Sache an K_1, der den V bittet, die Sache für ihn einstweilen aufzubewahren. Daraufhin verkauft und übergibt V dieselbe Sache an K_2. Dann stirbt der Eigentümer der Sache und der Verkäufer beerbt ihn.

Variante I: E stirbt und K_2 beerbt ihn.

Variante II: E stirbt und V und K_2 beerben ihn.

Grundsachverhalt: Initiativ wird K_1; er will die Sache von K_2. Welche sachenrechtlichen Positionen haben K_1 und K_2? Drehen wir den Fall zurück in die Ausgangslage: 1) Zwischen V und K_1 geschah: *traditio* aus der Kaufcausa an K_1 durch Besitzkonstitut; K_1 ist somit Ersitzungsbesitzer, also publizianisch Berechtigter. 2) Dann der Doppelverkauf an K_2: Wohl ist die Sache furtiv, weil im nichtautorisierten Verkauf der wissentlich fremden Sache ein *furtum* liegt. Dann kann K_2 kein Ersitzungsbesitzer sein und K_1 dringt mit der *Publiciana* gegen ihn durch (als besser Berechtigter gegen den relativ schlechter Berechtigten).

Und wenn die Sache nicht furtiv ist, etwa ein Grundstück? Dann wäre auch K_2 publizianisch Berechtigter. Also gleich gut berechtigt wie K_1? Da beide *vom selben Vormann* (V) erworben haben, bietet sich eine *Analogie* an: Wie wäre es, wenn V Eigentümer gewesen wäre? Dann hätte V sein Eigentum *zuvor* auf K_1 übertragen, sodass er es im Zeitpunkt des Verkaufs und Übergabe an K_2 nicht mehr übertragen konnte *(nemo plus iuris ad alium transferre potest quam ipse habet)*. Zieht man die Analogie zum Doppelverkauf vom Eigentümer für den Fall des Doppelverkaufs vom selben Nichteigentümer, so ist K_1 in der besseren Position: So die Auffassung von Julian in D 6, 2, 9, 4 (Ulp. 16 ad ed.).

E stirbt und V beerbt ihn: Somit ein Fall der Konvaleszenz (Heilung)[9]): Welches der beiden fehlgeschlagenen Verfügungsgeschäfte heilt? Die erste Verfügung mit K_1. Begründung: Die (amtsrechtliche = prätorische) Heilung wirkt zurück[10]); Der Fall ist damit so anzusehen, als wäre V von *vornherein* Eigentümer gewesen; dann hätte er – wie oben schon hervorgekehrt – zuvor sein Eigentum bereits auf K_1 übertragen.

Variante I: Der Eigentümer stirbt und K_2 beerbt ihn.

Aus welcher causa hatte K_2 die Sache vor dem Erbgang? Aus der Kaufcausa. Und jetzt? Nun ist er Universalsukzessor (Gesamtrechtsnachfolger) nach dem Eigentümer; ihm gehört die Sache aus dem Erbrechtstitel *(iure hereditario)*. Also kommt es zur Auswechs-

---

[9]) Vgl hier D 21, 3, 1pr.– § 1: Marcellus scribit, si alienum fundum vendideris et tuum postea factum petas, hac exceptione recte repellendum. Sed et si dominus fundi heres venditori existat, idem erit dicendum. Dazu sogleich.

[10]) Strittig ist die Rückwirkung der Genehmigung (ratihabitio). Dafür sprechen D 20, 1, 16, 1; D 5, 1, 56; *Windscheid/Kipp*, Lehrbuch des Pandektenrechts[9] (Frankfurt am Main 1906) Bd 1, 439 Anm 6 mwN. Anderer Ansicht *Unger*, System des österreichischen allgemeinen Privatrechts[4] (Leipzig 1876) Bd 2, 154 Anm 9; gemeint wohl: Genehmigung der Verfügung und nicht Genehmigung des obligatorischen Rechtsgeschäfts.

lung des Titels von Kauf auf den Erbtitel: zwei Titel treffen zusammen und der Erbrechtstitel führt zum Erwerb: *concursus causarum* (Kaufcausa als onerose – entgeltliche *causa* – und Erbrechtstitel als lucrative – unentgeltliche causa). Vgl D 21, 2, 9 (Paul. 76 ad ed.). Die Rechtsfolgen aus dem *concursus causarum?* Warum hatte K_2 den Kaufpreis gezahlt? Um die Sache aus der Kaufcausa zu haben. Was schuldete V? Die Verschaffung ungestörten Besitzes aus Kauf *(uti frui habere licere ex empto,* also kaufgrundqualifiziertes Verschaffen der Kaufsache). Die Zahlung des Preises hat sich daher nachträglich durch den späteren (endgültigen) Erwerb nach Erbrecht als vergeblich („umsonst", „frustriert") herausgestellt. Daher kann K_2 den Preis von V zurückverlangen.

Variante II: Der Eigentümer stirbt und V und K_2 beerben ihn (einfache Annahme: Als Miterben zu gleichteiligen Erbquoten: ½ V und ½ K_2).

Dann kommt es zur „partiellen Konvaleszenz" der Verfügung V an K_1, nämlich soweit V erbt (zu ½) und zu einem „partiellen *concursus causarum* – Problem" zwischen V und K_2, soweit K_2 erbt. Die Sache stünde somit im Miteigentum zwischen K_1 („partiell geheilt" zu ½ vom Vormann V) und K_2 (vom Erblasser abgeleiteter Erwerb zu ½ aus dem Erbrechtstitel).

Variante II:

Konvaleszenz zu ½: sohin weiter denkbar:

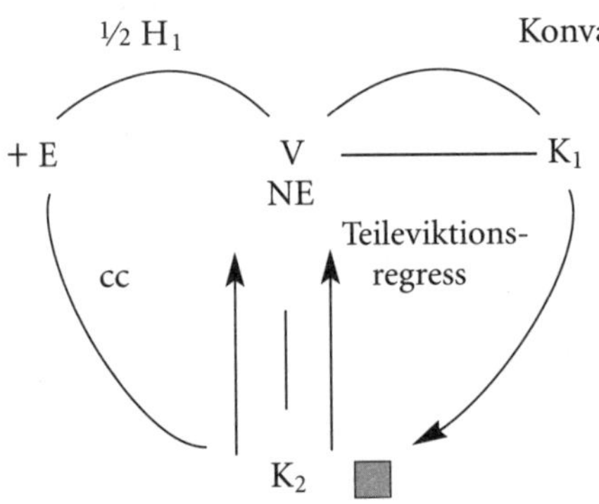

½ Kaufpreis aus cc zurück

andere ½ aus Teileviktionsregress[11])

[11]) Vgl D 21, 2, 1 (Ulp. 28 ad Sab.) Sive tota res evincatur sive pars, habet regressum emptor in venditorem. Sed cum pars evincatur, si quidem pro indiviso evincatur, regressum habet pro quantitate evictae partis. ...

Fall: „anschwellende Heilung":

Ein Ersitzungsbesitzer verkauft und übergibt die vermeintlich eigene Sache an K1, dieser verkauft sie weiter und übergibt sie an K2. Dann stirbt der Eigentümer und alle drei, (vormaliger) EB, K1 und K2 beerben den Eigentümer zu gleichen Teilen (zu je 1/3).

Wem gehört die Sache ? (Abgeleitet von wem und aus welchem Rechtsgrund?)

Soweit EB den E beerbt (also zu 1/3), wird EB als Gesamtrechtsnachfolger Eigentümer aus dem Erbrechtstitel (iure hereditario) abgeleitet vom verstorbenen Eigentümer. Damit heilt die Verfügung EB – K_1 zu diesem 1/3, da insoweit der nichtberechtigt Verfügende hinterher in die Position des Berechtigten kam. K_1 hat damit dieses 1/3 aus der Kaufcausa, abgeleitet von EB und soweit er den E beerbt, ein weiteres 1/3 abgeleitet von E aus dem Erbrechtstitel. Damit ist K_1 – einen Denkschritt lang – Eigentümer zu 2/3 und soweit er nun nachträglich in die Eigentümerposition kam, heilt auch das Verfügungsgeschäft K_1 – K_2 (mithin zu 2/3). Damit ist K_2 Alleineigentümer, aber von verschiedenen Vormännern her und aus verschiedenen Rechtsgründen, nämlich zu 2/3 abgeleitet von K_1 aus der Kaufcausa und zum restlichen 1/3 abgeleitet vom Erblasser (E) aus dem Erbrechtstitel.

Zur schuldrechtlichen Seite des Falls: Hier stellt sich nur noch ein Problem des „partiellen cc" im Umfang von 1/3, nämlich soweit der Behaltensgrund bei K_2 von der Kaufcausa auf den Erbrechtstitel wechselte. 1/3 des Preises bekommt K_2 von K_1 mit der actio empti zurück. (Zur dogmatischen Begründung unten bei D 21, 2, 9.) Und die restlichen 2/3 des Preises hat K_2 zu Recht bezahlt, da er zu 2/3 sein Eigentum von K1 aufgrund der Kaufcausa herleitet.

D 21, 3, 1pr. – § 1 (Ulp. 76 ad ed.)

Marcellus scribit, si alienum fundum vendideris et tuum postea factum petas, hac exceptione recte repellendum. § 1 Sed et si dominus fundi heres venditori existat, idem erit dicendum.

Marcellus schreibt: wenn du ein fremdes Grundstück verkauft hast und es später, nachdem es dein Eigentum wurde, herausverlangst, so ist deine Klage mit dieser Einrede erfolgreich zurückzuschlagen. § 1 Aber auch wenn der Eigentümer des Grundstücks den Verkäufer beerbt hat, wird dasselbe zu sagen sein.

Vorbemerkung: Die Stelle gehört palingenetisch zur *exceptio rei venditae et traditae* (Lenel Nr. 1672). Diese ist mit *hac exceptione* gemeint.

Der Sachverhalt des principium: V verkauft und übergibt dem Käufer (und mancipiert?) ein Grundstück, das ihm nicht gehört[12]). Dann wird der Verkäufer Eigentümer des Grundstücks, etwa indem er den Eigentümer beerbt, und vindiziert es von K.

Entscheidung: Die Vindikation dringt nicht durch; K schlägt sie mit der *exceptio rei venditae et traditae* zurück.

§ 1: Nun ist der Fall umgekehrt: Der Verkäufer stirbt und der Grundstückseigentümer beerbt ihn. Vindiziert E, so scheitert er wieder an der *exceptio rei venditae et traditae.*

Erörterung: Im principium ist der Grundstückskäufer vor dem Erbgang V nach E Ersitzungsbesitzer, mit Erbgang heilt das zunächst fehlgeschlagene Verfügungsgeschäft V – K und der Käufer wird bonitarischer Eigentümer (des Falltyps: „Gutgläubiger Erwerb vom Nichteigentümer, der hinterher Eigentümer wird[13])"). Vom *duplex dominium* her gedacht ist V also bloß ziviler Eigentümer und K nach prätorischer Heilung der Verfügung prätorischer Eigentümer (gleichbedeutend: bonitarischer Eigentümer. Zur Wirkung der „unvollständigen Tradition" bei nachträglich erlangter Berechtigung des Vormannes vgl das Bild eines „langgestreckten Rechtsgeschäfts" von *Jhering,* Geist des römischen Rechts, III, 151. Wo ist heute die Heilung geregelt? § 366 ABGB letzter Satz). In der Konfrontation „bloß ziviler Eigentümer gegen den prätorischen Eigentümer" ist der bonitarische stärker, indem der Prätor das *ius civile* korrigiert.

In § 1 liegt die umgekehrte Situation zur Konvaleszenz vor. Sohin (?) kommt es nicht zur Heilung der unwirksamen Verfügung (strittig[14])), sondern zum *Übergang der Einrede auf den Sukzessor:* E folgte als Gesamtrechtsnachfolger in die Rechtsstellung des V, der verkauft und übergeben hat, nach.

---

[12]) Man kann auch den V gutgläubig denken (er wusste selbst nicht, dass ihm die Sache nicht gehört). Klar ist, dass hier auch das Verfügungsgeschäft der Manzipation (wenn man auch diese annimmt) mangels Berechtigung des Vormannes unwirksam ist.

[13]) Erst im Augenblick des Erbgangs V nach E erwirbt K bonitarisches Eigentum (wobei die Vorstellung, wie die Rechtspositionen wandern, hier nichts vorträgt: Aus dem vollen Recht *(plenum ius),* nämlich ziviles E/bonitar. E, kommt das bonitarische direkt an K oder es geht durch V hindurch zu K.

[14]) Zum geltenden Recht vertritt die Heilung auch in diesem Fall *Spielbüchler* in *Rummel,* Kommentar zum ABGB^2 Bd 1, § 366 Rz 8: „Sie (die Heilung) tritt nicht nur ein, wenn der nichtberechtigte Verfügende die Verfügungsmacht (insb den Gegenstand der Verfügung) erwirbt, sondern auch, wenn der

Bedeutet das nur eine Einrede aus Vertrag?

Wie, wenn sich die Sache beim Eigentümer befände und der Käufer diesen nun mit der *actio Publiciana* auf Herausgabe klagen müsste? Dann hätte K gegen die *exceptio iusti dominii* des E die *replicatio rei venditae et traditae*[15]), sodass K auch in diesem Fall dinglich durchkommt[16]).

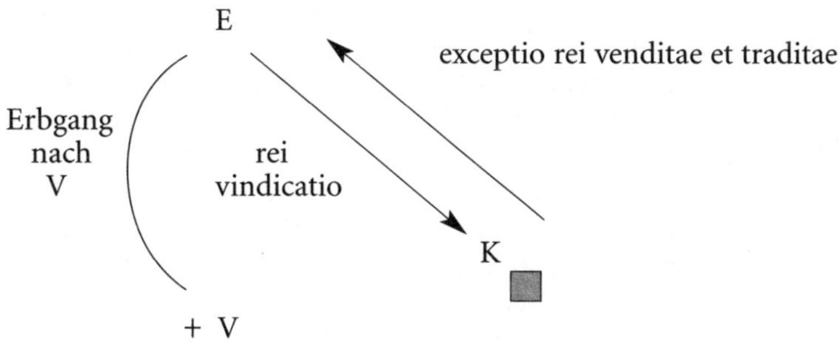

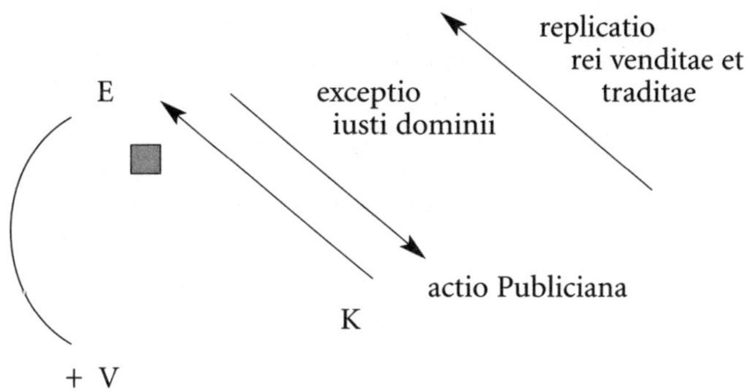

Berechtigte den Verfügenden beerbt, SZ 28/118; auch diesfalls soll der Erwerber nicht auf bloße Einwendungen aus dem Vertrag beschränkt sein, in den der Erbe ... eingetreten ist.“ Doch siehe oben.

[15]) Wenn man sie ihm als *exceptio* gibt, dann muss man sie ihm auch als *replicatio* geben.

[16]) Und mit Größenschluss, oder genauer: „erst recht“, der Käufer daher gegen jeden beliebigen Dritten (insb gegen spätere Erwerber von E) mit der *Publiciana* durchdringt. Daher muss man nicht argumentieren, dass der Fall, dass der Berechtigte den Verfügenden beerbt, *auch* ein Fall der Heilung ist, damit der Käufer nicht nur auf die Einrede aus Vertrag beschränkt ist.

D. Verkaufsauftrag

D 21, 3, 1, 2 (Ulp. 76 ad ed.)

Si quis rem meam mandatu meo vendiderit, vindicanti mihi rem venditam nocebit haec exceptio, nisi probetur me mandasse, ne traderetur, antequam pretium solvatur.

Wenn jemand meine Sache auf meinen Auftrag hin verkauft hat, so wird mir, wenn ich die verkaufte Sache vindiziere, diese Einrede schaden, wenn nicht der Beweis erbracht wird, ich habe beauftragt, dass nicht übergeben werden soll, bevor der Preis gezahlt wird.

Sachverhalt: Ein Eigentümer erteilt einen Verkaufsauftrag. Der Beauftragte verkauft und übergibt die Sache des Auftraggebers an den Dritten (= Käufer). Dann will der Auftraggeber vom Käufer die Sache vindizieren. Variante: Der Verkaufsauftrag lautete: Keine *traditio* vor Preiszahlung. Der Beauftragte übergab jedoch vor Preiszahlung. Der Auftraggeber vindiziert daraufhin vom Käufer.

Im Ausgangssachverhalt wird die *rei vindicatio* des Auftraggebers mit einer exceptio zurückgeschlagen. Mit welcher? Mit der *exceptio rei venditae et traditae.* Welche sachenrechtliche Position erlangte der Käufer? Hat er derivativ, und zwar abgeleitet von wem Eigentum erworben? Der Kaufvertrag besteht zwischen dem Käufer und dem Verkaufsbeauftragten B, der ja Nichteigentümer ist (nicht zwischen E und K, weil dem römischen Recht die direkte Stellvertretung fremd ist und B auch nicht Erklärungsbote für E war, da der Auftrag ja lautete: B soll verkaufen; beachten Sie: Wer ist Vormann? Stets der, mit dem den Erwerber der Vertrag verbindet). Und das Verfügungsgeschäft? Im Verkaufsauftrag von E an B lag eine Verfügungsermächtigung[17]) für B. Somit hat B *als Verfügungsermächtigter* und damit als *berechtigter Vormann* die Sache aus der Kaufcausa an K übergeben. An *res nec mancipi* verlöre E sein Eigentum an K. Warum hat E noch die Vindikation? An einer *res mancipi* behielt E das bloße zivile Eigentum *(nudum ius ex iure Quiritium),* das bonitarische (prätorische) Eigentum ist aber auf K übertragen worden. Daher dringt E, wenn er vindiziert (weil K nicht zahlt oder nicht zahlen kann), nicht durch.

Der variierend fortgeführte Fall: Keine *traditio* vor Preiszahlung: Weshalb schränkte E den Verkaufsauftrag so ein? Weil er dem Käufer nicht kreditieren (die Preiszahlung stunden) und somit nicht das Insolvenzrisiko tragen wollte. Übergibt B die Sache an K vor Preiszahlung, so überschreitet B seine Verfügungsermächtigung (für diesen Fall war sie B gerade nicht eingeräumt), sodass B als Nichtberechtigter verfügte. Da das Verfügungsgeschäft somit unwirksam war, dringt E mit der Vindikation gegen den Käufer durch.

[17]) Wo überall noch begegnet die Verfügungsermächtigung? Beim Trödelvertrag. Und bei der Pfandverwertung: Der Pfandgläubiger verkauft die Pfandsache als Verfügungsermächtigter (– das *ius vendendi* wird ihm im Pfandvertrag eingeräumt).

E. Actio Publiciana (heute: § 372 ABGB)

D 6, 2, 9, 4 (Ulp. 16 ad ed.)

Si duobus quis separatim vendiderit bona fide ementibus, videamus, quis magis Publiciana uti possit, utrum is cui priori res tradita est an is qui (tantum) (prior) emit. et Iulianus libro septimo digestorum scribit, ut, si quidem ab eodem non domino emerint, potior sit cui priori res tradita est, quod si a diversis non dominis, melior causa sit possidentis quam petentis. quae sententia vera est.

Wenn jemand zwei gutgläubigen Käufern gesondert (gemeint: nacheinander) verkauft hat, so müssen wir prüfen, wer eher die Publiciana hat, ob der, dem die Sache früher übergeben worden ist oder der, der sie (lediglich) (früher) gekauft hat. Und Julian schreibt im siebenten Buch seiner Digesten, dass, wenn sie freilich vom selben Nichteigentümer gekauft haben, *der* stärker ist, dem die Sache früher übergeben worden ist. Wenn sie aber von *verschiedenen* Nichteigentümern gekauft haben, so ist die Lage des Besitzenden besser als die des Klägers. Und diese Auffassung ist richtig.

Der Sachverhalt ist zweigeteilt. Der Fall in der ersten Fallgestaltung lässt sich in verschiedenen Versionen denken:

Ein Nichteigentümer (V) verkauft eine Sache an den redlichen K_1; dann verkauft und übergibt er dieselbe Sache an den redlichen K_2; dann kommt die Sache zu V zurück und er übergibt sie nun dem K_1[18]). Oder mit Besitzkonstitut wie vorhin im Fall. Wieso musste jedem Käufer die Sache *ex iusta causa* tradiert worden sein? Sonst wäre ein Käufer nicht publizianisch Berechtigter und die Frage *quis magis* (wer eher?) würde sich nicht stellen.

Worauf stützt sich die Begründung, dass bei Erwerb vom *selben Vormann* die *Publiciana* der hat, dem die Sache früher (als dem anderen) *tradiert* wurde? Auf eine *Analogie zum derivativen Eigentumserwerb*[19]). Zu überlegen ist der Wertungsgesichtspunkt: Wie wäre es gewesen, wenn dem V die Sache gehörte? Dann hätte er an denjenigen, dem die Sache zuerst tradiert wurde, Eigentum übertragen, sodass er durch die spätere *traditio* an den anderen Käufer diesem nicht mehr das Eigentum verschaffen konnte, auch wenn dessen Kaufvertrag früher datierte.

Die zweite Fallgestaltung: Erwerb von verschiedenen Nichteigentümern: NE_1 verkauft und übergibt die Sache an K_1; dann kommt sie irgendwie (aber *ohne furtum)* zu NE_2, der sie an K_2 verkauft und übergibt. K_1 klagt K_2 auf Herausgabe der Sache. Wieso dringt K_1 mit der petitorischen Klage nicht durch? Mit der *Publiciana* dringt der besser Berechtigte gegen den relativ schlechter Berechtigten durch (also: der bonitarische Eigentümer gegen den Ersitzungsbesitzer; oder der Ersitzungsbesitzer gegen den bloßen Eigenbesitzer). Welche sachenrechtliche Position haben K_1 und K_2? Beide sind Ersitzungsbesitzer. K_1 ist also *nicht besser berechtigt, sondern gleich gut* berechtigt. Daher ist die Lage des Besitzenden (die *causa possidentis)* besser. Steckt aber noch mehr hinter dem *melior sit causa possidentis quam*

[18]) Oder mit vertauschten Rollen.

[19]) Vgl *Apathy*, Actio Publiciana beim Doppelkauf, SZ 99 (1982) 175 ff, insb 178 f.

petentis-Satz? Möglicherweise ein Wertungsgesichtspunkt (und nicht bloß die Beschreibung einer faktischen Prozesslage gleich gut Berechtigter)? Zunächst: Auf welche Idee könnte der Satz „die Lage des Besitzenden ist besser" den K_1 bringen? Könnte *er* in die *causa possidentis* kommen? Und zwar mit einem Besitzinterdikt, dem *interdictum utrubi:* Damit dringt durch, wer im Jahr vor der Interdiktserteilung *länger,* relativ zum Gegner gesehen, fehlerfrei besessen hat. Da K_1 und K_2 beide fehlerfrei besitzen (K_1: besaß), kommt es nur auf die längere Dauer des Besitzes an. Solange die Besitzlage bei K_2 also noch nicht „stabil" ist, könnte K_1 mit dem *interdictum utrubi* erfolgreich den Besitz der Sache herausverlangen, womit sich jetzt aber die Rollen für die *Publiciana* umdrehen: K_1 würde damit nun K_2 (nachdem er die Sache bekommen hat) in die Klägerrolle der *Publiciana* drängen, in der K_2 scheitern müsste, weil er ja (nur) gleich gut berechtigt (und nicht besser berechtigt) ist als K_1. Wann wäre K_1 aber auch mit dieser Taktik am Ende? Sobald K_2 gleich lang besitzt wie K_1. Denn dann würde K_1 auch mit dem *interdictum utrubi* nicht mehr durchkommen (muss er doch im *possessorium* behaupten und beweisen, dass er *länger,* relativ fehlerfrei besaß). Lässt sich die *causa possessionis* nicht mehr umkehren, so bleibt es dabei, dass der aktuelle Besitzer obsiegt.

Bezieht man dieses „Spiel" *(interdictum utrubi* bei noch nicht stabiler Besitzlage, womit nun der andere publizianisch klagen müsste) in die Deutung mit ein, so ist also letztlich wer von den beiden publizianisch Berechtigten stärker? Der, der länger besitzt und damit als Ersitzungsbesitzer „schon näher zum Eigentum" ist.

Und heute: § 372 ABGB ist die Klage *aus besserem Besitz.*

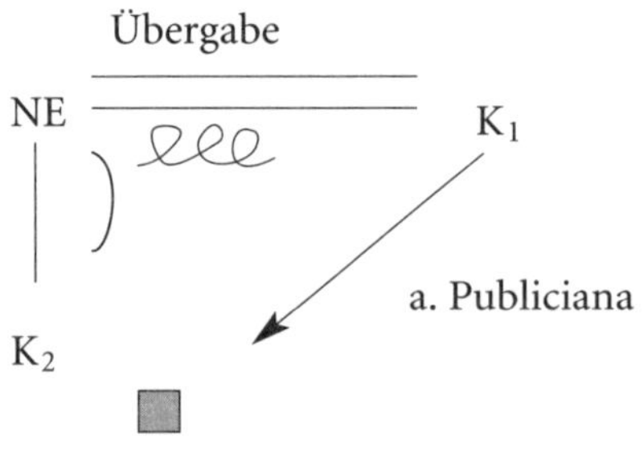

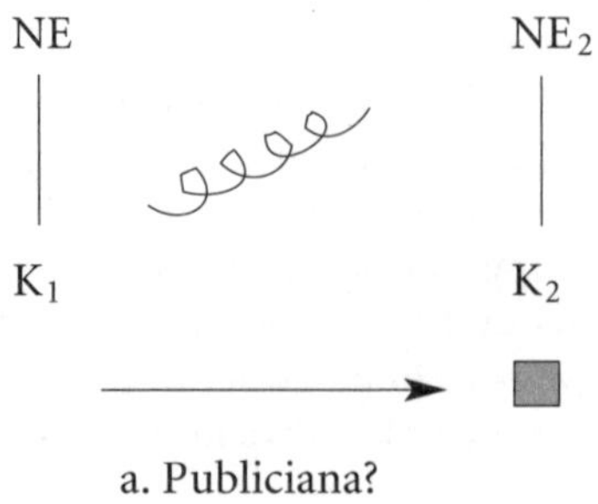

F. Eigentümer-Besitzer-Verhältnis

D 12, 1, 23 (Afr. 2 quaest.)

Si eum servum, qui tibi legatus sit, quasi mihi legatum possederim et vendiderim, mortuo eo posse te mihi pretium condicere Iulianus ait, quasi ex re tua locupletior factus sim.

Wenn ich den Sklaven, der dir vermacht ist als mir vermacht besessen und verkauft habe, so kannst du, nachdem der Sklave gestorben ist, den Kaufpreis von mir kondizieren, sagt Julian, weil ich gleichsam aus deiner Sache bereichert bin.

Rekonstruktion des Sachverhalts: Dem tu gehört der Sklave causa legati. Das legt ein Vindikationslegat nahe: Tu hat den Sklaven durch derivativen Vonselbsterwerb vom Erblasser her aus dem Legatsrechtstitel erworben. Ego hält sich gutgläubig für den Legatar des Sklaven, ist es aber nicht, somit: Ego ist redlicher Scheinlegatar. Er verkauft und übergibt den Sklaven (den er irrtümlich für den eigenen hielt) an den Dritten (= Käufer), der an ihn den Preis bezahlte. Dann stirbt der Sklave beim Käufer.

Erörterung: Mit Tod des Sklaven kann tu ihn nicht mehr vom Käufer vindizieren. Der Käufer ist nicht mehr passivlegitimiert (– da er die Sache nicht mehr hat). Auch von ego konnte er ihn nicht herausverlangen; dieser verlor seine Passivlegitimation mit Übergabe an den Käufer. Und eine – nur theoretisch diskutable – Passivlegitimation wegen vorprozessualer doloser Besitzpreisgabe kommt nicht in Betracht, weil ego (auch bei Verkauf noch) gutgläubig war. Damit scheitert also die Vindikation. Aber an die Stelle des (toten) Sklaven ist bei ego etwas anderes getreten: der Kaufpreis. Dieser ist das stellvertretende commodum (der an die Stelle des Sklaven getretene Vorteil), das Surrogat der Sache des tu. Statt des Sklaven muss ego nun dem tu den Preis herausgeben, weil tu sonst leer ausginge und ego aus einer fremden Sache um den Erlös bereichert wäre.

Ist die Erlösherausgabe aber immer die richtige Entscheidung, gleichgültig, ob ego den Sklaven billig oder teuer verkaufte? Hat ego über dem Sachwert verkauft, so ist die Erlösherausgabe richtig, weil dem ego aus der fremden Sache keine Bereicherung verbleiben soll. Hat er unter Wert verkauft, so ist die Reduktion auf das Surrogat gerecht, weil ego redlich war. Eine Haftung auf die Differenz zum höheren Sachwert (Wertersatz) wäre systemwidrig (also ein Wertungswiderspruch), weil der redliche Besitzer dem Eigentümer selbst dann nicht haftet, wenn die Sache bei ihm untergegangen wäre.

Überlegen Sie noch genauer die Redlichkeit des Scheinlegatars: Hat er einen Titel *(causa legati)*? Tatsächlich hat der Scheinlegatar keine *causa*, er meinte lediglich, er sei aus dem Vermächtnisrechtstitel berechtigt. Also ließ der Jurist einen Putativtitel für die Redlichkeit genügen?

Und heute: Der Surrogatkondiktion Julians entspräche ein Verwendungsanspruch auf Erlösherausgabe nach § 1041 ABGB.

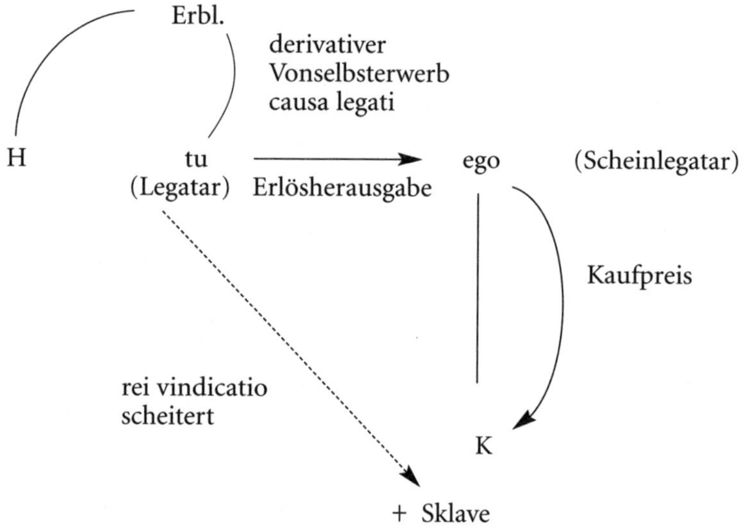
Erbl.
derivativer
Vonselbsterwerb
causa legati
H
tu
(Legatar)
Erlösherausgabe
ego
(Scheinlegatar)
Kaufpreis
rei vindicatio
scheitert
K
+ Sklave

Thematisch verwandt mit D 12, 1, 23 ist

D 6, 1, 17 pr. (Ulp. 16 ad ed.)
Iulianus libro sexto digestorum scribit, si hominem, qui Maevii erat, emero a Titio, deinde cum eum Maevius a me peteret, eundem vendidero eumque emptor occiderit, aequum esse me pretium Maevio restituere.

Julian schreibt im sechsten Buch seiner Digesten: wenn ich einen Sklaven, der dem Maevius gehörte, von Titius gekauft habe und dann, als Maevius ihn von mir herausverlangte[20]), diesen verkauft habe und der Käufer ihn getötet hat, so ist es gerecht, dass ich das *pretium*[21]) herausgebe.

Rekonstruktion des Sachverhalts: Die Beteiligten in ihren Rollen: Maevius ist Eigentümer des Sklaven; ego hat den Sklaven von Titius (sohin von einem Nichteigentümer[22])) gekauft und übergeben bekommen; dann klagte Maevius den ego auf Herausgabe und ego verkaufte den Sklaven an einen Dritten (= Käufer K), der den Sklaven des Maevius tötete.

Zu klären bleibt die genaue Reihenfolge der Ereignisse: Wann hat Maevius geklagt und wann verkaufte und übergab ego den Sklaven an den Dritten? Noch ehe er von Maevius geklagt wurde? Oder später, während laufenden Vindikationsprozesses? Und dann, wann genau? Vor dem Zwischenurteil, mit dem das Eigentum des Maevius festgestellt wurde (= *pronuntiatio* zugunsten des Vindikanten) oder nachher?

Erörterung: Problematisch scheint, den Sachverhalt so zu verstehen, dass ego (zunächst) gutgläubig den fremden Sklaven besitzt, später Maevius außergerichtlich ego zur Herausgabe auffordert und ego daraufhin noch vor dem Prozess den Sklaven verkauft (und übergibt). Die Passivlegitimation des ego (da er dann ja bei *litis contestatio* den Sklaven nicht mehr hätte), müsste sich auf vorprozessuale dolose Besitzpreisgabe *(dolo desinere possidere ante litem contestatam)* gründen. (Zunächst historisch: Diese bereits für Julian anzunehmen, ist bedenklich; wahrscheinlich kam diese Möglichkeit der Passivlegitimation erst später auf). Dagegen ließe sich einwenden: Ego würde durch wissentlichen Verkauf der *res aliena* ein *furtum* begehen. Dazu passt aber nicht aequum esse als Begründung für die Herausgabe des Kaufpreises. Denn wäre ego bösgläubig, dann würde er jedenfalls auf *Wertersatz* haften. Dann bereitete aber Schwierigkeiten, *pretium restituere* für den Fall der Veräußerung unter Wert zu erklären. Zudem: *aequum esse* heißt: Es ist gerecht (im Sinn von „billig", also eine „Billigkeitslösung"?). Gegenargument: Oder heißt *pretium* hier gar nicht Preis, sondern Wert der Sache? Dann wäre der Fall zu denken als Verkauf der Sache, in dem (mit obiger Begründung wahrscheinlich) eine vorprozessuale dolose Besitzaufgabe liegt. Oder (plausibler) als Verkauf des Sklaven *nach* Litiskontestation als Fall einer dolosen Besitzpreisgabe, die eine Haftung auf Wertersatz begründet.

---

20) *Petere* heißt dinglich klagen.

21) *Pretium* kann bedeuten: Wert oder Preis. Welche Bedeutung ist hier wahrscheinlich?

22) Der sich selbst für den Eigentümer gehalten hat; ohne Anhaltspunkte für das Gegenteil kann man von der Redlichkeit ausgehen.

Und wenn man *pretium* als Kaufpreis versteht?

Denn wäre der Fall so zu denken: Zunächst: (fehlgeschlagener) gutgläubiger Erwerb vom Nichteigentümer Titius. Maevius vindiziert. Die Litiskontestation macht ego nicht bösgläubig und die *res litigiosa* (streitverfangene Sache) hindert ihn nicht am Verkauf. Möglich wäre auch, dass der Kauf zwischen ego und dem Dritten bereits vor Litiskontestation perfekt war und in gestreckter Abwicklung der gutgläubige Beklagte (ego) nach Litiskontestation (aber noch vor *pronuntiatio)* in Erfüllung des Kaufvertrages die Sache übergibt.

Damit dreht sich der Fall um die Haftung des redlichen Besitzers auf Herausgabe des Kaufpreises als *Surrogat der Sache (stellvertretendes commodum)* wie oben in D 12, 1, 23 (auch Julian!). Sohin:

Hat ego teuer (über dem Sachwert) verkauft, dann entspricht die Herausgabe des Preises dem Grundsatz, dass dem Beklagten keine Bereicherung verbleiben soll.

Hat er billig (unter dem Sachwert) verkauft, so stellt sich hinsichtlich des Mindererlöses (Differenz: höherer Sachwert – niedrigerer Preis) das Problem des (teilweisen) Wegfalls des Wertes. Da der Vindikant den Wegfall des Wertes trägt, ist nur der Preis und nicht auch Ersatz der Differenz zum höheren Sachwert zu leisten. (In dieser Variante begründet *aequum esse* mithin die Reduktion auf das Surrogat.)

Nur was dürfte ego wohl nicht? Die Sache verschleudern, womit er (auf Wertersatz) haften würde.

Und käme konkurrierend auch eine Klage des Maevius gegen den Drittkäufer in Betracht, weil dieser den Sklaven des Maevius tötete?

Die *actio legis Aquiliae* gegen den Käufer könnte überlegt werden, aber eine Schadenersatzklage *ex delicto* (heute: § 1295 ABGB) wird am mangelnden Verschulden des Käufers scheitern, wenn auch dieser gutgläubig zu denken ist[23]).

Sohin: Wenn Maevius nicht mehr vindizieren kann und auch sonst nicht mehr zu Ersatz kommt, so akzeptiert Julian nun den Veräußerungserlös als Inhalt des *restituere,* und zwar auch mit der allfälligen Konsequenz einer Reduktion auf das Surrogat.

---

[23]) Denn durfte sich der Drittkäufer für den Eigentümer halten, dann darf er mit der Sache beliebig verfahren, ja selbst die Sache zerstören. So auch heute § 329 ABGB: Ein redlicher Besitzer kann schon allein aus dem Grunde des redlichen Besitzes die Sache, die er besitzt, ohne Verantwortung nach Belieben brauchen, verbrauchen, auch wohl vertilgen.

D 6, 1, 15, 3 (Ulp. 16 ad ed.)

Si servus petitus vel animal aliud demortuum sit sine dolo malo et culpa possessoris, pretium non esse praestandum plerique aiunt: sed est verius, si forte distracturus erat petitor si accepisset, moram passo debere praestari: nam si ei restituisset, distraxisset et pretium esset lucratus.

Wenn der eingeklagte Sklave oder ein anderes Lebewesen ohne Vorsatz und Fahrlässigkeit des Besitzers gestorben ist, so sagen die meisten, dass der Wert nicht zu ersetzen ist: Aber es ist richtiger, wenn etwa der Kläger zum Verkauf bereit war, wenn er ihn erhalten hätte, dass für die erlittene Verzögerung gehaftet werden müsse: denn wenn er (sc. der Bekl.) ihm herausgegeben hätte, hätte er (sc. der Kl.) verkauft und den Kaufpreis erlangt.

Sachverhalt: Der Eigentümer eines Sklaven (oder Tieres) vindiziert. Dann stirbt der Sklave nach Litiskontestation.

Problem: Haftet der Vindikationsbeklagte?

Erörterung: Im Fall des zufälligen Sachunterganges infolge mortalitas (Sterblichkeit, also natürlichen Todes), lassen die *plerique* (die hM) nicht auf Wertersatz haften. Mit welchem Prinzip stimmt das überein? Mit *casus sentit dominus* (– den Zufall spürt, fühlt der Eigentümer, dh, wenn mit der Sache zufällig etwas passiert, so ist dies das Risiko des Eigentümers; er trägt die allgemeine Sachgefahr).

Ulpian ist anderer Ansicht: Er differenziert gestützt auf welche Erwägungen? Erste Überlegung: Was hätte der Vindikant (der klagende Eigentümer), wenn ihm die Sache gleich bei Litiskontestation herausgegeben worden wäre? In dieser Überlegung schimmert das *restituere*-Prinzip durch, das besagt: Der Besitzer muss den Vindikanten so stellen, *als hätte dieser seine Sache sofort erhalten* (D 50, 16, 35: „Restituere" autem is intellegitur, qui simul et causam actori reddit, quam is habiturus esset, si statim iudicii accepti tempore res ei reddita fuisset, ...).

Und das hieße hier: Wäre dem Vindikanten der Sklave sofort herausgegeben worden, so hätte ein verkaufswilliger Kläger die konkrete Verkaufsmöglichkeit ausnützen können und hätte nun den Kaufpreis. Bei einem konkreten Vertragsangebot eines Dritten (= Käufer) und unterstellter Perfektion des Kaufes hätte der Eigentümer das Risiko des zufälligen Unterganges des Sklaven nicht mehr zu tragen, weil die Untergangsgefahr auf den Käufer übergegangen wäre *(periculum est emptoris perfecta emptione).*

Daher hat der Kläger den in der vereitelten Verkaufsmöglichkeit liegenden Schaden erlitten, oder genauer, *den Schaden, dass der konkret interessierte Käufer nicht oder erst nach dem Untergang abschließt.* Für *diesen* Schaden haftet der Beklagte. Für diesen Schaden war die *mora* (das heißt wohl die Verzögerung infolge Verfahrensdauer, die sich dahinziehen kann) schadenskausal.

Und wenn der Kläger kein konkretes Offert eines interessierten Käufers nachweisen kann?

Dann bleibt es beim Grundsatz *casus sentit dominus* und der Vindikant trägt die Untergangsgefahr. Wird damit das *restituere*-Prinzip verlassen? Nein, auch diese Lösung bleibt noch in der Spur des *restituere*-Gedankens: Wäre der Sklave dem Kläger sofort herausgegeben worden (*restituere*-Prinzip), so wäre der Sklave ja beim Vindikanten ohnedies auch gestorben. Hier war die *mora* (die prozessbedingte Verzögerung[24])) nicht schadenskausal[25]).

Und heute? Der *restituere*-Gedanke kehrt wieder, etwa bei der Kommentierung zu § 338 ABGB[26]).

---

[24]) Wieso ist wenig wahrscheinlich *mora* technisch als *Verzug* aufzufassen? Weil dann der Beklagte doch auf Wertersatz haften würde. In Verzug geriete der Vindikationsbeklagte erst nach *pronuntiatio* (womit sich sein Rechtsstandpunkt als haltlos erwiesen hat), wenn er auf das *iussum de restituendo* nicht reagiert; dann ist er mit dem *restituere in mora;* (vgl den Restitutionsverzug in D 6, 1, 17, 1). Solange aber das Eigentum des Klägers nicht geklärt ist, muss der Beklagte gefahrlos bestreiten können. So Paulus in D 5, 3, 40 pr.

[25]) Die Gefahr zufälligen Untergangs (wenn mit der Sache etwas passiert) wird also nicht generell auf den Beklagten überwälzt. Nur für den Entfall der Disposition (Verkauf der Sache) erhält der Vindikant Ersatz. Ulpian schützt hier also das *Dispositionsinteresse* und nicht das *Integritätsinteresse* (das Interesse eines Eigentümers daran, dass seine Sache unbeschädigt [integra: wohlbehalten] bleibt, dass mit der Sache nichts passiert – sonst eben Geldersatz aus dem Rechtsfortwirkungsgedanken).

[26]) Vgl *Spielbüchler* in *Rummel,* Kommentar zum ABGB (1990) § 338 Rz 1.

Superficies solo cedit und Ehegattenschenkungsverbot

D 24, 1, 31, 2 (Pomp. 14 ad Sab.)

Si vir uxori aream donaverit et uxor in ea insulam aedificaverit, ea insula sine dubio mariti est, sed eam impensam mulierem servaturam placet: nam si maritus vindicet insulam, retentionem impensae mulierem facturam.

Wenn ein Mann seiner Frau einen Bauplatz geschenkt hat und die Frau darauf ein Wohnhaus gebaut hat, so fällt dieses Wohnhaus ohne Zweifel in das Eigentum des Mannes; doch ist es herrschende Lehre, dass die Frau diesen Aufwand ersetzt bekommen wird: denn wenn der Ehemann das Wohnhaus vindiziert, wird die Frau wegen des Aufwandes ein Zurückbehaltungsrecht geltend machen.

Sachverhalt : Ein Ehemann schenkt seiner Frau einen Bauplatz und die Frau baut darauf.

Entscheidung : 1) das bebaute Grundstück gehört dem Mann, aber 2) gegen die Vindikation des Mannes hat die Frau ein Retentionsrecht wegen des Aufwandes der Bauführung.

Erörterung: Das Ehegattenschenkungsverbot wirkt doppelt: Es macht sowohl die Beredung der *causa donandi* als auch das Verfügungsgeschäft nichtig (könnte doch sonst das Verbot durch das abstrakte [unabhängig von einer *causa* wirksame] Übereignungsgeschäft der mancipatio umgangen werden). Damit ist Eigentum nicht übertragen worden und die Frau baut auf fremdem Grund. Das Gebäude fällt in das Eigentum des Mannes, da Bauwerk und Grund und Boden eine sachenrechtliche Einheit bilden *(superficies solo cedit:* Das Bauwerk folgt dem Grundstückseigentum). Am Bauwerk kann mithin kein Sondereigentum der Frau bestehen. Gibt die Frau an den Mann heraus, so verlöre sie den wertsteigernden Aufwand der Bauführung und der Mann wäre auf Kosten der Frau um den Bauaufwand bereichert. Vindiziert der Mann, ohne gleichzeitig den Bereicherungsausgleich anzubieten, so wäre seine Klage dolos *(dolus praesens,* sein dolus läge in der Klageerhebung selbst). Solange der Mann diesen nicht leistet (oder sicherstellt), kann die Frau das bebaute Grundstück wegen des auf die fremde Sache gemachten Aufwandes zurückbehalten.

Vgl heute das Zurückbehaltungsrecht wegen eines auf die fremde Sache gemachten Aufwandes (etwa: Reparaturaufwand) in § 471 ABGB.

G. Pfandrecht

D 13, 7, 18, 2 (Paul. 29 ad ed.)

Si fundus pigneratus venierit, manere causam pignoris, quia cum sua causa fundus transeat. ...

Wenn ein verpfändetes Grundstück verkauft worden ist, so bleibt das Pfandrecht bestehen, weil das Grundstück mit seiner rechtlichen Lage übergeht (sc. auf den Erwerber).

Sachverhalt: Der Verpfänder verkauft sein pfandbelastetes Grundstück.

Rechtsfolge: Der Käufer erwirbt nicht lastenfreies Eigentum, sondern pfandbelastetes. Anerkannt ist ein *sofortiger* Eigentumserwerb durch Veräußerung vom Verpfänder auch in

C 8, 27, 12: Si debitor rem tibi iure pignoris obligatam te non consentiente distraxit, dominium cum sua causa transtulit ad emptorem.

Wenn der Schuldner die dir verpfändete Sache ohne deine Zustimmung verkauft hat, so geht das Eigentum mit seiner Lage (also pfandbelastet) auf den Käufer über.

Wäre eine abweichende Rechtslage vorstellbar? Denkbar wäre, dass in der Verpfändung auch eine Veräußerungsbeschränkung des Verpfänders liegt, also ein dem Verpfänder auferlegtes Veräußerungsverbot[27]).

Somit hat der Pfandgläubiger gegen den Erwerber die dingliche Pfandklage *(actio pigneraticia in rem = actio Serviana = vindicatio pignoris).* Wozu kommt es, wenn der Pfandgläubiger diese gegen den Käufer anstellt (weil S insolvent ist)? Zur Eviktion (mithin zum Verlust des ungestörten Besitzes durch berechtigte Klage eines Dritten, hier: durch die Klage des PfG). Käme eine Ersitzung der Lastenfreiheit für den Käufer in Betracht, wenn er vom Pfandrecht nichts wusste? Haltbar. (– Versteht man unsere Stelle wie C 8, 27, 12, so käme ja ein anderes Ersitzungsobjekt nicht in Frage; das Eigentum, wenngleich nicht lastenfrei, hat der Käufer schon derivativ erworben).

---

27) Vgl *Kaser,* Studien zum Römischen Pfandrecht (Neapel 1982) 267 ff.

D 20, 6, 4 pr. (Ulp. 73 ad ed.)

Si debitor, cuius res pignori obligatae erant, servum quem emerat redhibuerit, an desinat Servianae locus esse? et magis est, ne desinat, nisi ex voluntate creditoris hoc factum est.

Wenn der Schuldner, dessen Sachen verpfändet worden waren, den Sklaven, den er gekauft hatte, wandelt, ist dann kein Raum mehr für die *actio Serviana?* Mehr spricht dafür, dass sie nicht erlischt, es sei denn, dass die Wandlung mit Willen des Gläubigers geschehen ist.

Der Gang der Ereignisse: *res* (Plural) *pignori obligatae:* Das ganze Vermögen des Schuldners ist verpfändet. Mithin ist ein (besitzloses) Generalpfandrecht anzunehmen. Darin liegt auch eine Vorausverpfändung für künftig erworbene Sachen. Dann kaufte der Schuldner einen mangelhaften Sklaven, der somit in den Pfandnexus fiel (– wieso mangelhaft? Wegen redhibuerit: der Käufer ist wandlungsberechtigt. Wann genau fällt der Sklave in das Generalpfandrecht? Mit Übergabe an den Käufer. Denn damit wurde K Eigentümer der [mangelhaften] Kaufsache und kraft Vorausverfügung der Verpfändung vom Eigentümer ist der Sklave nun wirksam pfandbelastet). Daraufhin wandelt der Käufer. Es kommt somit zur Rückabwicklung des Kaufvertrages (der mangelhafte Sklave wird an den Verkäufer zurückgestellt gegen Rückzahlung des Kaufpreises).

Damit stellt sich das Problem: Tritt der Sklave infolge der Rückabwicklung nun wieder aus dem Pfandnexus heraus, womit V lastenfreies Eigentum zurückbekäme?

Die Rückabwicklung berührt das (durch die Generalverpfändung) inzwischen begründete Pfandrecht am Sklaven nicht; der wandlungsberechtigte Käufer restituiert mithin pfandbelastet, sodass der Pfandgläubiger die dingliche Pfandklage auf den Sklaven behielt.

Wann ist das anders? Bei Einverständnis des Pfandgläubigers mit der Wandlung.

Aber *magis est* deutet Zweifel an. Welche?

Vgl die Verpfändung eines Warenlagers (mithin eine Generalverpfändung eines wechselnden Bestandes von Waren: Neu angeschaffte werden in das Pfandrecht einbezogen [sonst würde die Sachhaftung dezimiert], verkaufte müssen *pfandfrei* weiterveräußert werden, sonst kauft sie keiner): Wie ist sie zu konstruieren? Mit *Vorausverpfändung* hinsichtlich der neu angeschafften Waren und *Verfügungsermächtigung zur lastenfreien Weiterveräußerung* (Verkaufsermächtigung)[28]) (sonst wäre der Warenumschlag und damit der Unternehmensfortbetrieb illusorisch). Eine solche Zustimmung zur „lastenfreien Wandlung“, in der eine Verfügungsermächtigung des Pfandgläubigers an den Pfandschuldner über das Pfandrecht am Sklaven liegt, ist aber nicht zu vermuten, sondern müsste (ausdrücklich oder schlüssig) erklärt werden.

Wieso könnte man auf die Idee kommen, dass G ohnedies zur lastenfreien Wandlung ermächtigt (die Zustimmung, die eine Verfügung ist, also zu vermuten ist)? Denken Sie den

---

[28]) Vgl D 50, 17, 158; D 20, 6, 7 pr.

Fall wirtschaftlich durch: Der Preis wird höher sein als der Wert des (mangelhaften) Sklaven[29]) (darum wandelt der Käufer ja). Daher hätte der Pfandgläubiger durch die Rückzahlung des Kaufpreises eine höhere Sicherung (das spräche dafür, dass G ohnehin die Rückabwicklung will). Aber welches Risiko besteht? Dass der Wandlungsberechtigte das Geld anderweitig verwendet und es nicht in den Pfandnexus kommt. Wie könnte man diesem Risiko begegnen? Durch Vereinbarung der Direktauszahlung an G oder sonst durch sicheren Erlag. Aber dazu muss G von der Rückabwicklung wissen. Daher ist es sinnvoll, die Zustimmung des G zur Wandlung zu verlangen, damit das Pfandrecht erlischt.

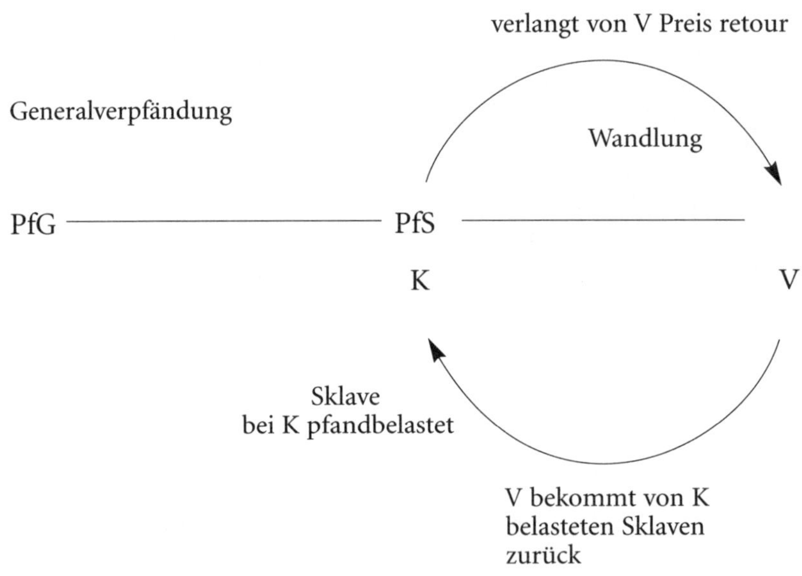

29) Verständnisfrage: Ließe sich einwenden, dass V ja einen inzwischen pfandbelasteten Sklaven zurücknehmen muss und daher die Belastung vom zurückzuzahlenden Preis abzuziehen ist (bzw nichts mehr zurückzuzahlen ist)? Nein. Mit Zustimmung des G restituiert K ja unbelastet an V.

D 20, 1, 22 (Modest. 7 diff.)

Si Titio, qui rem meam ignorante me creditori suo pignori obligaverit, heres exstitero, ex postfacto pignus directo non quidem convalescit, sed utilis pigneraticia dabitur creditori.

Wenn ich Titius, der meine Sache, ohne dass ich es wusste, seinem Gläubiger verpfändet hat, beerbe, so heilt zwar im Nachhinein das Pfand nicht direkt, aber dem Gläubiger wird eine *actio pigneraticia utilis* gegeben.

Sachverhalt: Titius verpfändet seinem Gläubiger die Sache des ego ohne dessen Zustimmung. Dann stirbt Titius und ego beerbt ihn.

Zu begründen ist: 1) Wieso ist das kein Konvaleszenzfall? Und 2) Welche *actio pigneraticia* wird dem Gläubiger gewährt, die *in personam* oder die *in rem* und worauf ist sie gerichtet?

Begründung zu 1)

Vergleichen wir den typischen Konvaleszenzfall mit dem hier vorliegenden Fall: Der Fall der Heilung würde lauten: Der Nichteigentümer verpfändet; dann stirbt der Eigentümer und der Nichteigentümer beerbt ihn. Damit heilt das zunächst fehlgeschlagene Verfügungsgeschäft. Hier ist es umgedreht: Der Nichteigentümer stirbt und der Eigentümer beerbt ihn. Somit keine Heilung, weil eine „umgekehrte Situation" vorliegt.

Zu 2)

Könnte es die *actio pigneraticia in personam* sein? Das wäre haltbar mit folgender Begründung: Wie war die Rechtslage vor Tod des Titius? Welche Klage hatte da der Gläubiger gegen Titius? Die Klage aus dem Pfandvertrag (dieser ist ja als verpflichtendes Geschäft wirksam), gerichtet auf Bestellung eines Ersatzpfandes (hier also eines solchen Pfandes, das dem Verpfänder auch gehört; denn solange ist die Forderung ungesichert und damit der Pfandvertrag nicht erfüllt). Diese Verpflichtung erbt ego als Universalsukzessor nach Titius. Freilich wäre diese Klage kurzerhand schon erledigt, indem der Gläubiger bereits auf ein Pfand zugreifen kann, das dem ego gehört; es fehlte gleichsam nur die Vereinbarung zwischen ego und dem G, dass diese Sache als verpfändet gilt (in heutiger Terminologie also eine Klage auf Einwilligung des ego in die Verpfändung). Schärfere Konturen gewinnt der Fall, wenn man die *pigneraticia* auf die dingliche Pfandklage bezieht. Mit dem Erbgang hat nun der Gläubiger eine „brauchbar gemachte" (analog gewährte) *pigneraticia in rem* gegen einen Dritten (gerichtet auf Herausgabe). Zwar liegt kein Fall einer Heilung vor, aber der Fall kommt im Ergebnis einer Heilung gleich, weil sich ego nunmehr gegen eine Verpfändung seiner Sache nicht mehr wehren kann.

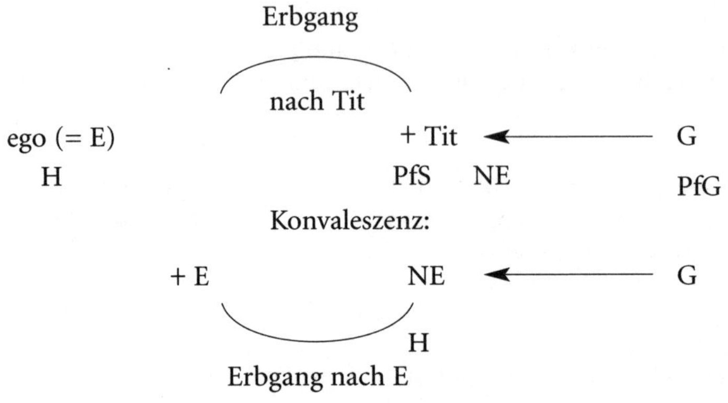
Erbgang
nach Tit
ego (= E)
H
+ Tit
PfS
NE
G
PfG
Konvaleszenz:
+ E
NE
H
G
Erbgang nach E

D 20, 1, 19 (Ulp. 21 ad ed.)

Qui pignori plures res accepit, non cogitur unam liberare nisi accepto universo quantum debetur.

Wer mehrere Sachen zu Pfand[30]) erhalten hat, ist nicht gezwungen, eine (davon) freizugeben, wenn er nicht das Ganze, was geschuldet war, erhalten hat.

Sachverhalt: Mehrere Sachen sind zur Sicherung einer Forderung verpfändet. Dann wird eine Teilzahlung geleistet (– das ist zu folgern aus *nisi accepto universo).*

Problem: Werden dadurch (eine oder einige) Pfandsachen pfandfrei, soweit sich durch die Teilzahlung das Sicherungsinteresse des Pfandgläubigers vermindert hat?

Entscheidung: Keine Verringerung der Sachhaftung durch die Teilzahlung.

Welches Prinzip ist damit ausgedrückt? *Das Prinzip der ungeteilten Pfandhaftung.* Und das heißt? Alle Pfandsachen bleiben solange pfandverhaftet, bis der letzte Schilling gezahlt worden ist.

[30]) Sprachlich: pignori ist Dativus finalis.

Treuhand/Pfandrecht

D 43, 26, 11 (Cels. 7 dig.)

Si debitor rem pigneratam ‹fiduciam› precario rogaverit, soluta pecunia precarium solvitur: quippe id actum est, ut usque eo precarium teneret.

Wenn der Schuldner die verpfändete ‹sicherungsweise übereignete› Sache zu Bittleihe erbeten hat, so erlischt mit Zahlung des Geldes die Bittleihe: Denn es ist vereinbart, dass er bis dahin bittleihweise innehat.

Vorbemerkung: Nach der Inskription hat die Stelle ursprünglich von der Treuhand gehandelt. Je nach palingenetischem Zusammenhang oder der Stellung in den Digesten lässt sie sich alternativ von der Sicherungsübereignung oder von der Verpfändung denken.

Sachverhalt und Entscheidung: Der Schuldner (= Treugeber oder Pfandschuldner) hat dem Gläubiger (= Treuhänder/bzw Pfandgläubiger) zur Sicherung der Forderung eine Sache übereignet (bzw verpfändet), die er sich, um sie weiterhin nutzen zu können, bittleihweise zurückbehielt. Mit Zahlung der Schuld erlischt auch das *precarium.*

Erörterung[31]):

a) Vorüberlegung zum Problem, wenn man die Stelle auf die Sicherungsübereignung bezieht: S hatte die Sache stets bei sich; solange er Prekarist ist, ist er aber nicht Eigenbesitzer und kann daher die Sache nicht rückersitzen (maW: Das *precarium* schließt die *usureceptio* durch den Treugeber aus). Sobald jedoch die Bittleihe erlischt, kann der Treugeber die Rückersitzung beginnen (dh nach Ablauf eines Jahres sein Eigentum zurückerlangen).

Wie erlischt sonst die Bittleihe? Durch Widerruf des *precario dans;* müsste der Treugeber, um mit der *usureceptio* anfangen zu können, also zuwarten, bis der Treuhänder widerruft? Nein, sondern hier tritt die Besonderheit ein, dass das *precarium* automatisch erlischt, ohne dass es eines Widerrufs bedarf, nämlich schlicht mit der Zahlung und damit durch den Wegfall des Sicherungsinteresses. Das erreicht man durch eine objektive Auslegung des typischen Parteiwillens (anzuknüpfen ist an *id, quod actum est,* an den typischen Geschäftsinhalt, an das, was von den Parteien mit dem Geschäft gemeint war[32])). Der übereinstimmende Parteiwille war sicherlich, die weitere Benutzung *während der Sicherungsphase* zu gestatten. Der Fall des Wegfalls des Sicherungsinteresses war ohnedies unproblematisch, weil der Treuhänder dann rückübereignen muss.

---

[31]) Vgl *Hausmaninger,* Id quod actum est als Argumentationsfigur bei Celsus, FS Wesener (zum 60.) (1992) 165 f mwN.

[32]) Siehe den berühmten Aufsatz von *Pringsheim,* Id quod actum est, SZ 78 (1961) 1 ff.

b) Wenn man sie vom Pfandrecht denkt: Bittleihweise zurückbehalten war die *verpfändete* Sache. Auch dies begrenzte den Sinn und Zweck der Bittleihe auf die Dauer der Verpfändung[33]). Somit: Das Pfandrecht ist kraft Akzessorietät (Abhängigkeit des Pfandrechtes vom Bestehen der gesicherten Forderung) mit der Zahlung erloschen. Daher ist die Sache nicht mehr verpfändet. Somit erlosch die Bittleihe von selbst.

[33]) *Hausmaninger*, aaO 165.

H. Servitut

D 21, 2, 10 (Cels. 27 dig.)

Si quis per fundum quem cum alio communem haberet, quasi solus dominus eius esset, ius eundi agendi mihi vendiderit et cesserit, tenebitur mihi evictionis nomine (ceteris non cedentibus).

Wenn mir jemand über ein Grundstück, das er gemeinsam mit einem anderen hat, ein Wege- und Viehtriebsrecht verkauft und eingeräumt hat, so als wäre er der alleinige Eigentümer, so haftet er mir für Eviktion (wenn die Übrigen es nicht einräumen[34])).

Sachverhalt: Ein Miteigentümer eines Grundstückes (E_1), der sich gegenüber dem Vertragspartner (Grundnachbar N) als Alleineigentümer ausgab, bestellte entgeltlich ein Geh- und Viehtriftrecht an dem im Miteigentum stehenden Grundstück. Der andere Miteigentümer (E_2) (des vermeintlich dienenden Grundstücks) klagte N erfolgreich auf Feststellung des Nichtbestehens sowie Unterlassung der Ausübung der Dienstbarkeit.

Entscheidung: N kann gegen E_1 Eviktionsregress nehmen.

Erörterung: Ist der Dienstbarkeitsbestellungsvertrag als Verpflichtungsgeschäft zur Einräumung der Dienstbarkeit gültig? Ja. Unwirksam ist das Verfügungsgeschäft[35]). Sohin ist das „dienende" Grundstück zugunsten des „herrschenden" *nicht belastet.*

Könnte ein Miteigentümer seinen Miteigentumsanteil (E_1 seine ½) allein wirksam verkaufen und übertragen? Oder verpfänden? Ja. Wieso ist das bei der Dienstbarkeitsbestellung anders? Weil sich die Ausübung der Dienstbarkeit auf *das Grundstück* erstreckt und damit notwendig auf alle Miteigentumsanteile. Wäre ein tauglicher Einwand, zu sagen, die Ausübung des Geh- und Viehtriftrechts bezieht sich ohnedies nur auf den südlichen Teil des Grundstücks bzw auf ein geringfügiges Randstück? Nein. Miteigentum bedeutet ja: *Nicht die Sache, sondern das Recht ist geteilt.* Daher haben an einem noch so kleinen Teilstück beide Miteigentümer *das geteilte Recht,* sodass immer auch die ½ des E_2 belastet wäre.

Wozu würde *ceteris cedentibus* führen? Die nachträgliche Genehmigung des E_2 würde die unwirksame Verfügung heilen. So aber: Welche Klage stellte E_2 an? Die *actio negatoria* (Eigentumsfreiheitsklage[36])): Heute § 523 ABGB: In Ansehung der Servituten findet ein doppeltes Klagerecht statt. Man kann gegen den Eigentümer das Recht der Servitut behaupten; oder der Eigentümer kann sich über die Anmaßung einer Servitut beschweren. Im ersten Falle muss der Kläger die Erwerbung der Servitut, oder wenigstens den Besitz

---

[34]) Der nachhinkende Ablativus absolutus ist möglicherweise Glosse.

[35]) Hier ist es ein belastend wirkendes Verfügungsgeschäft.

[36]) Auf Feststellung, dass das Grundstück unbelastet ist, sowie Unterlassung der Ausübung.

derselben als eines dinglichen Rechtes, im zweiten Falle muss er die Anmaßung der Servitut in seiner Sache beweisen.

Der erste Fall des § 523 ABGB regelt die *actio confessoria* des Dienstbarkeitsberechtigten, der zweite die *actio negatoria* des Eigentümers oder eines Miteigentümers[37]).

[37]) EvBl 1979/124.

D 45, 1, 136, 1 (Paul. 5 sent.)

Si, qui viam ad fundum suum dari stipulatus fuerit, postea fundum partemve eius ante constitutam servitutem alienaverit, evanescit stipulatio.

Wenn sich jemand einen Zufahrtsweg zu seinem Grundstück versprechen ließ, später aber das Grundstück oder dessen Teil vor Begründung der Dienstbarkeit veräußerte, so erlischt die Stipulation.

Was ist Vertragsinhalt der Stipulation (ganz offenkundig mit dem Grundnachbarn als promissor)? Die *künftige* Einräumung der Dienstbarkeit zugunsten des künftig herrschenden Grundstückes des Stipulators. Dann veräußert der Stipulator vor Fälligkeitstermin der Servitutsbestellung sein Grundstück. Damit ist der Stipulator nicht mehr Eigentümer des Grundstückes, das in die herrschende Stellung kommen soll. Die Servitut berechtigt aber den *jeweiligen* Eigentümer des herrschenden Grundstückes, also gleichsam das Grundstück selbst und nicht den Grundeigentümer persönlich. Da Dienstbarkeiten nicht vom herrschenden Grundstück abgelöst (und auch nicht geteilt) werden können, ist ihre Bestellung nun unmöglich (vgl auch Modestin D 8, 1, 11: ... si quis fundum habens viam stipuletur et partem fundi sui postea alienet, corrumpit stipulationem in eum casum deducendo, a quo stipulatio incipere non possit: „wenn jemand, der ein Grundstück hat, sich den Zufahrtsweg versprechen lässt und einen Teil seines Grundstücks später veräußert hat, so fällt die Stipulation zusammen, indem sie in eine Lage gerät, in der sie nicht begründet hätte werden können.“).

Daher die schuldrechtliche Seite des Falls: *stipulatio evanescit.* Die Stipulation erlischt *wegen nachträglicher rechtlicher Unmöglichkeit der Leistung.*

Besser noch (wegen der Begründung im Parallelfall D 8, 1, 11) ist die Erklärung mit der in den Quellen verstreut begegnenden Rechtsfigur der sogenannten „Initialrückziehung“[38]), wonach Rechtsverhältnisse erlöschen, wenn sie in eine Lage geraten, in der sie nicht begründet hätten werden können[39]).

---

[38]) Ea, quae initio recte constiterunt, resolvuntur, cum in eum casum reciderunt, a quo non potuissent consistere.

[39]) So noch in D 45, 1, 140, 2; D 45, 1, 98 pr.; D 34, 8, 3, 2; Gai. Inst. 4, 78.

II. Schuldrecht

A. Vertragsabschluss

D 16, 3, 1, 11 (Ulp. 30 ad ed.)

Si te rogavero, ut rem meam perferas ad Titium, ut is eam servet, qua actione tecum experiri possum, apud Pomponium quaeritur. et putat tecum mandati, cum eo vero, qui eas res receperit, depositi: si vero tuo nomine receperit, tu quidem mihi mandati teneris, ille tibi depositi, quam actionem mihi praestabis mandati iudicio conventus.

Wenn ich dich bitte, dass du meine Sache zu Titius bringst, damit er sie aufbewahre, mit welcher Klage kann ich gegen dich vorgehen, wird bei Pomponius gefragt. Und Pomponius meint, dass ich gegen dich mit der actio mandati, gegen denjenigen aber, der die Sachen übernommen hat, mit der actio depositi klagen kann. Wenn er sie aber auf deinen Namen übernommen hat, haftest du mir zwar mit der actio mandati, jener dir mit der actio depositi; und diese Klage musst du mir abtreten, wenn du mit der actio mandati belangt wirst.

Rekonstruktion des Geschehens: Die Personen: ego und tu in den Rollen: ego erteilt tu den Auftrag zur Drittverwahrung: tu soll die Sache des ego bei Titius hinterlegen. Auf den ersten Blick könnte das bedeuten: *mandatum* zwischen ego und tu und Abschluss eines Verwahrungsvertrages zwischen tu und Titius. Aber Pomponius gibt *dem ego* die Klage aus dem Verwahrungsvertrag gegen Titius und die prima vista anzunehmende *actio depositi* des tu gegen Titius wird erst für die *si vero tuo nomine* rell.-Variante befürwortet. Im Fall, der dem Juristen davor vorschwebt, kontrahiert *tu* also nicht *suo nomine,* sondern er beruft sich bei der Hinterlegung auf den ego, etwa mit den Worten: „Der ego lässt sie bitten, die Sache für ihn aufzubewahren". Damit überbringt tu dem Titius die Verwahrungsbitte des ego. Tu ist sohin *Erklärungsbote* des ego (– er überbringt dem ego die Offerte zum Abschluss eines Verwahrungsvertrages, der ein Realkontrakt ist, zugleich mit der aufzubewahrenden Sache des ego). Damit kommt der Vertrag (mittels Erklärungsbotenschaft) direkt zwischen ego als Hinterleger und Titius als Verwahrer zustande (– was die *actio depositi* des ego erklärt[40])).

Und im „*si vero tuo nomine*"-Sachverhalt? Hier hinterlegt tu selbst („ich bitte sie für mich aufzubewahren"). Und was schuldet tu dem ego aus dem *mandatum?* Die Herausgabe des aus der Ausführung des Auftrages *Erlangten.* Was ist hier das Erlangte? Die *actio depositi* des tu. Daher: *actio mandati directa* auf Abtretung der *actio depositi* des tu[41]).

---

40) Den tu als Stellvertreter für ego zu sehen, kommt ja nicht in Betracht.

41) Dh technisch? Tu bestellt ego zum Prozessvertreter mit der Befugnis, das Erstrittene zu behalten, procurator in rem suam.

B. Wurzelmängel

D 18, 1, 16 pr. (Pomp. 9 ad Sab.)

Suae rei emptio non valet, sive sciens sive ignorans emi: sed si ignorans emi, quod solvero repetere potero, quia nulla obligatio fuit.

Der Kauf der eigenen Sache ist nicht gültig, sei es, dass ich wissentlich oder unwissentlich gekauft habe. Aber wenn ich unwissentlich gekauft habe, dann kann ich das, was ich gezahlt habe, zurückfordern, weil keine Verbindlichkeit bestand.

Sachverhalt: Der Käufer kauft eine Sache, die ihm schon gehört, was er weiß / was er nicht weiß und zahlt den Kaufpreis.

Die doppelte Entscheidung: 1) Der Kauf ist unwirksam, und zwar gleichgültig, ob der Käufer *sciens* oder *ignorans* war. 2) Der gezahlte Preis kann zurückverlangt werden, aber nur, wenn der Käufer nicht wusste, dass er die eigene Sache kaufte.

Begründung zu 1) *emptio non valet = nulla obligatio:* Also ein Perfektionshindernis (von vornherein kein Vertrag); welches? Geht das (rechtlich), dass man die eigene Sache kauft? Nein. Der Kaufvertrag scheitert an der *anfänglichen rechtlichen Unmöglichkeit der Leistung.* Käme auch Irrtum als Erklärung des Perfektionshindernisses in Betracht? Das würde die „*sive sciens*-Variante" nicht abdecken.

Zu 2) Den Preis rückfordern: Und zwar mit der *condictio indebiti* wegen irrtümlicher Zahlung einer Nichtschuld. (Und wenn der Käufer wusste, dass ihm die Sache bereits gehört? Dann hat er wissentlich auf eine Nichtschuld gezahlt, somit Kondiktionsausschluss.)

Könnte K auch mit der *vindicatio nummorum* klagen? Wem gehört das gezahlte Geld? Das Eigentum an den *nummi* (an den Münzen) ist durch *traditio ex iusta causa,* nämlich *causa solvendi,* auf V übergegangen. Die *causa solvendi* (die sich historisch aus der Haftungslösung erklärt) ist ja wirksam, auch wenn der zugrundeliegende Vertrag scheiterte; manche drücken das so aus, dass die *causa solvendi* „gewissermaßen ihrerseits abstrakt" ist. Da der Verkäufer aber keinen Behaltensgrund (der im Vertrag läge) für das Geld hat, kann es der Zahlende kondizieren.

Vgl fortführend zu D 18, 1, 16 pr. auch den Kauf der „partiell eigenen" Sache:

D 18, 1, 18 pr. (Pomp. 9 ad Sab.)

Sed si communis ea res emptori cum alio sit, dici debet scisso pretio pro portione pro parte emptionem valere, pro parte non valere.

Aber wenn die Sache dem Käufer mit einem anderen gemeinsam gehört, so muss man sagen, dass nach dem Verhältnis des Anteils der Kauf teilweise gültig, teilweise aber nicht gültig ist, sodass der Preis aufgespalten ist[42]).

Beispiel: Die Kaufsache steht im Miteigentum, etwa zu ½ des E_2 und zu ½ des Käufers (E_1). Die Teilunwirksamkeit des Kaufvertrages wegen anfänglicher rechtlicher Unmöglichkeit betrifft damit den Miteigentumsanteil (½) des Käufers. Die Konsequenz daraus ist das scisso pretio (Aufspaltung des Preises) zu ½.

Wie wäre der Fall noch denkbar? K kauft die Sache von seinem Miteigentümer E_2. Wirksam ist der Kauf des dem E_2 gehörenden Miteigentumsanteils an der Sache.

E_2

V ———— $K=E_1$

NE

[42]) Der Ablativus absolutus (scisso pretio) dürfte hier wohl in proleptischer Funktion („sodass") zu empfinden sein, weil das scisso pretio *eine Folge* von pro parte valere, pro parte non valere ist.

Nach ähnlichem Muster wie in D 18, 1, 16 pr. verfährt man auch im *mensa cooperta*-Fall zur Irrtumsthematik:

D 18, 1, 41, 1 (Iul. 3 ad Urs. Fer.)

Mensam argento coopertam mihi ignoranti pro solida vendidisti imprudens: nulla est emptio pecuniaque eo nomine data condicetur.

Du hast mir unwissentlich einen versilberten Tisch als massiv silbern verkauft, wobei auch ich das nicht wusste. Der Kaufvertrag ist unwirksam und das dafür gezahlte Geld wird kondiziert werden.

Wer irrte? Beide, Verkäufer und Käufer. Also gemeinsamer Irrtum über die wahre Beschaffenheit der Kaufsache. Wie wirkt der Irrtum? Wie der Dissens als Perfektionshindernis (mithin: kein Vertrag); die nähere dogmatische Einordnung des Irrtums ist umstritten: Ist der Irrtum eine Konsensstörung oder eine Verfehlung in der Bestimmung des Leistungsobjektes (sodass eine gegenstandslose Leistungsbestimmung vorliegt?).

Zur Rückforderbarkeit des gezahlten Preises vgl die Ausführungen vorhin zu D 18, 1, 16 pr.

D 12, 1, 18 pr. (Ulp. 7 disp.)

Si ego pecuniam tibi quasi donaturus dedero, tu quasi mutuam accipias, Iulianus scribit donationem non esse: sed an mutua sit, videndum. et puto nec mutuam esse magisque nummos accipientis non fieri, cum alia opinione acceperit. quare si eos consumpserit licet condictione teneatur, tamen doli exceptione uti poterit, quia secundum voluntatem dantis nummi sunt consumpti.

Wenn ich dir Geld gegeben habe, wobei ich im Sinn hatte, es zu schenken, du es aber als Darlehen annimmst, schreibt Julian, dass keine Schenkung zustande gekommen ist: aber ob ein Darlehen vorliegt, müsse man prüfen. Und ich (Ulpian) meine, dass auch kein Darlehen gegeben ist und eher die Münzen nicht Eigentum des Empfängers werden, weil er in anderer Absicht angenommen hat. Und wenn sie daher ausgegeben werden, so haftet er zwar aus der condictio, kann aber die exceptio doli geltend machen, da die Münzen im Sinne des Willens des Leistenden verbraucht worden sind.

Sachverhalt: Ego gibt dem tu Geld, weil er schenken will; tu glaubt an ein Darlehen und nimmt das Geld an. Dann gibt tu es aus.

Zu begründen ist: Wieso keine Schenkung? Wieso wäre mit Julian aber ein Darlehen möglich? Weshalb mit Ulpian auch kein Darlehen? Und worauf gründet sich die *exceptio doli* gegen die *condictio* (– welche ist das?)?

Erörterung: Der Vertragsschluss setzt Einverständnis über den Rechtsgrund voraus. Hier lag *Dissens über die causa* vor. Daher ist es (mit Ulpian) konsequent, sowohl die Schenkung als auch den Darlehensvertrag scheitern zu lassen. Somit lag eine rechtsgrundlose Leistung des ego an den tu vor, die ego zur Rückforderung mit der *condictio indebiti* (heute: § 1431 ABGB) berechtigte. Aber welchen Rechtsgedanken lanciert Julian, um den Parteiwillen des ego zum Durchbruch kommen zu lassen? Wenn ego sogar schenken wollte, dann war ihm wohl auch ein Darlehen recht, aus dem er das Geld wieder zurückbekäme[43]). Julian kam die Rechtsregel „*in maiore minus inest*" (im „Mehr" ist auch das „Weniger" enthalten) in den Sinn (vgl D 50, 17, 110 pr.; D 32, 29, 1). Dann wäre die *condictio* also die Vertragsklage auf Darlehensrückzahlung (und nicht die bereicherungsrechtliche Rückforderungsklage) und die *exceptio doli* gegen sie würde auf die „*in maiore minus inest*"-Regel zu gründen sein. Ist die *exceptio* damit eine gleichsam vorweggenommene schenkungsweise Erlasseinrede? Wohl eher so: In der Rückforderung läge ein *selbstwidersprüchliches* Verhalten gegenüber dem ursprünglichen Schenkungswillen.

Und für Ulpian: Da ist die *condictio* die *condictio indebiti.* Tu kann aber auch diese mit der *exceptio doli* zurückschlagen mit dem schon ausgeführten Argument: In der Klageerhebung selbst läge *dolus* (somit: *praesens),* weil sich ego mit der Rückforderung von seiner

[43]) Ego könnte dann immer noch einen „zweiten Anlauf" zu einer Schenkung nehmen durch einen schenkungsweisen Erlass der Rückzahlung des Geldes.

Schenkungsabsicht zurückzöge, also selbstwidersprüchlich handelte (– nicht unproblematisch: Wenn das Schenkungsoffert nicht angenommen wurde, so muss man doch zurückfordern können).

Und welche Klage wäre vor *consumptio nummorum* (vor dem Verbrauch des Geldes durch tu) noch möglich? Indiz: *nummos accipientis non fieri?* Die *vindicatio nummorum.* Doch müsste auch sie mit Ulpian durch die *exceptio doli* blockiert sein.

C. Rücktrittsvorbehalt beim Kaufvertrag

Verkäufer und Käufer vereinbaren: V verkauft und übergibt dem K die Kaufsache und stundet die Preiszahlung mit folgender Nebenabrede: Bei Nichtzahlung (Ausbleiben auch nur einer Rate) „soll die Sache als nicht gekauft gelten" *(res inempta esto)*, dh funktional: V bedingt sich den Rücktritt vom Kaufvertrag aus. Wie wirkt der Rücktritt? Dinglich? Und das hieße? Nach dem *Prinzip der kausalen Tradition* ist das Eigentum an der Kaufsache zunächst auf K übergegangen. Der Rücktritt wirkt als *auflösende Bedingung bei der traditio*, wodurch das Eigentum mit Rücktritt von selbst auf V zurückspringt[44]: *„dinglicher Vonselbstrückfall"* (– das ist in den Quellen mehrfach belegt).

(Wo liegt der Unterschied zum heutigen Eigentumsvorbehalt? Beim EV ist das Verfügungsgeschäft aufschiebend bedingt, dh Eigentum geht erst gar nicht über solange nicht der letzte Schilling gezahlt ist. Beim „dinglichen Rückfall" ist das Verfügungsgeschäft auflösend bedingt, das Eigentum geht zunächst über – durch *traditio ex iusta causa* vom berechtigten Vormann –, mit Rücktritt fällt es aber auf V zurück).

Welche Wirkung von *res inempta est* wäre noch denkbar? Der Rücktritt wirkt bloß obligatorisch: Der Kauf ist auflösend bedingt (so auch beim dinglichen Rückfall), aber der Rücktritt löst nur die *Verpflichtung* des K *zur Rückübereignung* aus.

Fall: V verkauft und übergibt ein italisches Grundstück an K, stundet die Preiszahlung und bedingt sich bei Ausbleiben einer Rate den Rücktritt vom Vertrag aus. K zahlt nicht und ist insolvent.

Die Vertragsklage auf Preiszahlung *(actio venditi)* ist wirtschaftlich illusorisch. Daher will V das Grundstück zurück. Hat er noch die Vindikation? Durch formlose *traditio* aus der Kaufcausa vom *pleno iure dominus* ist das bonitarische Eigentum auf K übertragen worden, mangels *mancipatio* aber nicht das quiritische[45]. V ist daher *bloß ziviler Eigentümer;* die *rei vindicatio* hat er also. Wie, wenn er sofort vindiziert? Wenn man nicht den dinglichen Rückfall nach prätorischem Recht unterstellt, so hätte K noch die *exceptio rei venditae et traditae.* Was müsste V daher unternehmen, bevor er vindiziert? Vom Kaufvertrag zurücktreten. Denn damit ist die Sache nicht mehr *res empta* (jetzt ist aus der *exceptio* also *„rei venditae"* „herausgebrochen"), sodass die Vindikation nunmehr einredefrei durchdringt.

---

44) Rückfall des Eigentums *ex nunc* oder *ex tunc*? Zum Problem des Rückfalls *ex tunc* vgl *Peters,* Die Rücktrittsvorbehalte des römischen Kaufrechts (Köln/Wien 1973) 215 ff.

45) Welches ist stärker? Das prätorische. Begründung? Der Prätor korrigiert das *ius civile.*

Wie könnte sich der Verkäufer beim Kreditkauf noch gegen das Insolvenzrisiko sichern? Vgl

D 19, 2, 21 (Iav. 11 epist.)
Cum venderem fundum, convenit, ut, donec pecunia omnis persolveretur, certa mercede emptor fundum conductum haberet: ...

D 19, 2, 22 pr. (Paul. 34 ad ed.)
Item si pretio non soluto inempta res facta sit, tunc ex locato erit actio.

D 19, 2, 21
Wenn ich ein Grundstück verkaufte und vereinbart ist, dass der Käufer das Grundstück als gemietet haben soll, solange bis der gesamte Preis gezahlt wurde ...

D 19, 2, 22 pr.
Ebenso wenn die Sache als nicht gekauft gelten soll, falls der Preis nicht gezahlt wird, dann wird die Klage aus dem Mietvertrag angestellt.

In D 19, 2, 21 ist der Mietvertrag dem Kaufvertrag vorgeschaltet. Zweck? Um das Insolvenzrisiko auszuschalten. Solange M mietet, ist die Sache noch nicht aus der Kaufcausa tradiert und somit noch nicht Eigentum von V auf K übergegangen. Und zudem: Zahlt der Käufer den Preis nicht, so hat der Verkäufer/Vermieter, während er kreditiert, Mieteinnahmen.

Welche Vertragsvereinbarungen sind nun in D 19, 2, 22 pr. kombiniert? Die Wortfolge „*inempta res facta*“ begegnet als typische Wendung für die *lex commissoria.* Sohin: Der Rücktrittsvorbehalt (*lex commissoria* beim Kaufvertrag[46])) mit einem aufschiebend bedingten Mietvertrag unter folgender „Schaukel der Bedingungen“: Mit Eintritt der auflösenden Bedingung für den Kauf[47]) tritt die aufschiebende Bedingung für die Miete ein.

Welches Problem stellt sich bei folgender Vereinbarung: „Der Verkäufer stundet die Preiszahlung; er ist berechtigt bei Ausbleiben auch nur einer Rate vom Kaufvertrag zurückzutreten. Mit Ausübung des Rücktrittsrechtes gilt die Sache *rückwirkend* als vermietet?“

Rückwirkend auf welchen Zeitpunkt? Auf den Abschlusszeitpunkt des Kaufvertrages. Was ist der wirtschaftliche Hintergrund? Zahlt der Käufer nicht (etwa bereits die erste Rate nicht), so „sieht“ der Verkäufer „überhaupt kein Geld“, er ginge also für die Dauer der Kreditierung leer aus. Die Stundung war ja nur gewollt, wenn es beim Kauf bleibt. Tritt der Verkäufer zurück, so hat er für die Dauer der Stundung den Mietzins.

„Hält“ die Vereinbarung eines rückwirkenden Mietvertrages? Das Eigentum an der Kaufsache geht mit Übergabe auf den Käufer über. Läge also beim (zunächst) Käufer und

---

[46]) Vgl D 18, 3, 2 (Pomp. 35 ad Sab.) Cum venditor fundi in lege ita caverit: „si ad diem pecunia soluta non sit, ut fundus inemptus sit“, ... (Inhalt der vertraglichen Nebenabrede: „Wenn das Geld nicht gezahlt wird, soll das Grundstück als nicht gekauft gelten“).

[47]) Vgl D 18, 3, 1 (Ulp. 28 ad Sab.) Si fundus lege venierit, magis est, ut sub condicione resolvi emptio quam sub condicione contrahi videtur.

nun Mieter eine (rechtsunwirksame) Miete der eigenen Sache vor, wenn der Verkäufer zurücktritt? Und zwar in jeder Konstruktion der *lex commissoria*, sowohl bei „dinglichem Rückfall“ als auch bei bloß schuldrechtlich wirksamer Verpflichtung zur Rückübereignung der Sache, wobei mit Rücktritt die *traditio* durch Besitzkonstitut aus der *causa*, die in der Vereinbarung über die Rückübereignung liegt, geschieht? Hat man die sachenrechtlichen Wirkungen der *traditio* vertraglich abbedungen? Käme man also durch die Kombination von Rücktrittsvorbehalt und rückwirkender Mietabrede praktisch zu einem Eigentumsvorbehalt?

Fall: Ein Ersitzungsbesitzer (EB) verkauft und übergibt die vermeintlich eigene Sache an K1, dieser verkauft sie unter Rücktrittsvorbehalt weiter an K_2, mietet sie aber von ihm sogleich zurück. Dann verkauft und übergibt K_1 die Sache an K_3.

Der Eigentümer stirbt und EB beerbt ihn.

Schildern Sie die rechtliche Konsequenz!

Drei unwirksame Verfügungsgeschäfte liegen vor (EB – K_1, K_1 – K_2 und K_1 – K_3).

Mit dem Erbgang EB nach E heilen die Verfügungsgeschäfte EB – K_1 und K_1 – K_2, nicht aber jenes zwischen K_1 und K_3. Begründung: Mit der Heilung kann man es so ansehen, als wäre der nichtberechtigt Verfügende von vornherein Berechtigter gewesen. Dann hätte K_1 das Eigentum bereits übertragen an K_2, so dass er es durch die spätere Verfügung nicht mehr übertragen konnte auf K_3.

Wie, wenn nun K_2 nicht zahlt. Ist der Rücktritt vom Vertrag sinnvoll?

Insbesondere: Bekommt K_1 durch den dinglichen Rückfall das Eigentum in die Hand, wenn er vom Vertrag mit K_2 zurücktritt?

Nein, denn dann kehrt zwar das Eigentum von K_2 an K_1 zurück, geht aber sogleich weiter zu K_3. Mit dem dinglichen Rückfall an K_1 wird dieser hinterher Berechtigter, so dass nun die Verfügung K_1 – K_3 heilt.

Bringt also der Rücktritt nichts?

Tritt K_1 nicht zurück, so behielte K_2 das Eigentum; K_2 könnte also die Sache von K_3 herausverlangen und damit für K_1 die Situation eines Eviktionsregresses schaffen, mit dem sich K_3 an K_1 schadlos hielte. Der Rücktritt vom Vertrag schaltet dieses Risiko aus.

D. Leistungsstörung

D 45, 1, 33 (Pomp. 25 ad Sab.)

Si Stichus certo die dari promissus ante diem moriatur, non tenetur promissor.

Wenn in Stipulationsform versprochen worden ist, dass Stichus zu einem bestimmten Termin übereignet wird und er vor dem Termin stirbt, so haftet der Versprechende nicht.

Sachverhalt: Der Schuldner promittiert dem Gläubiger die Leistung des Stichus zu einem bestimmten Termin. Stichus stirbt aber vor Fälligkeit.

Zu begründen: *non tenetur.* Kein Haftungsfall wegen *nachträglicher zufälliger Unmöglichkeit der Leistung* mit der Folge: Der Schuldner wird frei. (Heute: § 1447 ABGB).

Was tritt also nicht ein? Keine *perpetuatio obligationis*[48]). Der primäre Anspruch auf Übereignung des Stichus geht ins Leere, weil es den Sklaven nicht mehr gibt. Und der sekundäre Anspruch auf Wertersatz (Schadenersatz) setzt immer voraus, dass der in Anspruch Genommene *haftet.*

Variante: Wie wäre es, wenn Stichus nach Schuldnerverzug verstirbt? Verewigt sich dann das Schuldverhältnis *(perpetuatio obligationis),* weil infolge Haftungserweiterung auf Zufall nun ein Haftungsfall vorliegt? War aber der Verzug schadenskausal? Vgl die Argumente in D 6, 1, 15, 3.

---

48) Dazu *Kaser,* „Perpetuari obligationem“, SD 46 (1980) 87–146.

D 44, 7, 45 (Paul. 5 ad Plaut.)

Is, qui ex stipulatu Stichum debeat, si eum ante moram manumiserit et is, priusquam super eo promissor conveniretur, decesserit, non tenetur: non enim per eum stetisse videtur, quo minus eum praestaret.

Wenn der, der aus einer Stipulation den Stichus schuldet, diesen vor Verzug freigelassen hat und dieser gestorben ist, bevor diesbezüglich der Stipulationsschuldner geklagt wurde, so haftet er nicht. Denn es scheint nicht an ihm gelegen zu sein, dass er nicht leistet.

Sachverhalt: S versprach in Stipulationsform die Leistung des Stichus (etwa: *Stichum mihi dari spondesne?)* zu einem bestimmten Termin. Dann ließ S vor Fälligkeit den Stichus frei. Dann stirbt Stichus (vor Klagserhebung des G).

Zu begründen ist, wieso S nicht haftet.

Zunächst die einzelnen Etappen des Geschehens: S ließ den Sklaven frei. Somit lag zunächst ein Haftungsfall vor, nämlich eine von S zu vertretende rechtliche Unmöglichkeit der Leistung.

Dann aber: Stichus stirbt (eines natürlichen Todes). Also nun: *nachträgliche zufällige Unmöglichkeit der Leistung* mit der Folge: S wird frei[49]). Diese Folge erst stimmt mit der Entscheidung überein (vorher lag ja ein Haftungsfall vor). Nicht nur die Freilassung, sondern auch der Tod war außerhalb des Verzugs. Denn sonst wäre es zur *perpetuatio obligationis* (Verewigung des Schuldverhältnisses) gekommen. Warum wirkt sich der (zunächst ja verwirklichte) Haftungsfall nicht mehr aus? Den Sklaven hätte G ob so oder so nicht bekommen. Kausalitätsüberlegung: Denkt man sich die Freilassung (also den Haftungsfall) weg, so hätte G ohnedies den Nachteil, dass Stichus starb. Der „Nachteil" ließe sich als Gefahrtragungsfall weiterdenken (Preisgefahr: Möglicherweise war auch die Preiszahlung promittiert, also: wechselseitige Stipulationen. Und wenn eine *emptio-venditio* der Hintergrund war, wobei nur die Sachleistung in Stipulationsform gegossen [technisch: noviert] wurde? Dann trägt ebenso der Käufer die Preisgefahr: *periculum est emptoris).*

[49]) Heute: § 1447 ABGB.

D 2, 14, 54 (Scaev. not. ad Iul. 22 dig.)

Si pactus sim, ne Stichum, qui mihi debebatur, petam: non intellegitur mora mihi fieri mortuoque Sticho puto non teneri reum, qui ante pactum moram non fecerat.

Wenn ich ausgemacht habe, dass ich Stichus, der mir geschuldet wurde, nicht einklage: so ist das so aufzufassen, dass mir kein Verzug geschieht und ich meine, dass mit Tod des Stichus der Schuldner, der vor der Vereinbarung nicht in Verzug geraten war, nicht haftet.

Was liegt mit dem *pactum ne petam* vor? Stundungsabrede (– nicht Erlassabrede, weil sonst der Fortgang der Stelle zur *mora* nicht passen würde). Wie wirkt sie? Aufschub bloß der Geltendmachung? Oder schiebt sie die Fälligkeit hinaus (Aufschub der Fälligkeit, heute: volle Stundung). Und was passiert? (Überlegen Sie die zwei Stichzeitpunkte: ursprünglicher Fälligkeitstermin, neuer Fälligkeitstermin; wann genau stirbt Stichus?) Stichus stirbt *nach* der Stundungsabrede[50]) *vor* dem hinausgeschobenen, neuen Fälligkeitstermin[51]).

Was war *vor* dem *pactum ne petam* noch nicht eingetreten? Die *perpetuatio obligationis.* Daher wird mit Tod des Stichus der Schuldner wegen nachträglicher zufälliger Unmöglichkeit der Leistung frei.

Nun aber feiner: Die *ante pactum moram non fecerat*-Passage. Zunächst daraus der Gegenschluss: Wie, wenn der Schuldner vor der Stundungsabrede bereits in Verzug war[52])? Dann haftet der Schuldner. Begründung: Was lag in der Stundungsabrede jedenfalls *nicht?* Ein *Verzicht auf jene Verzugsfolgen, die bereits eingetreten waren,* also auf die Perpetuationsfolge. Daher würde der Schuldner in diesem Fall auch bei zufälligem Tod des Stichus auf Wertersatz haften.

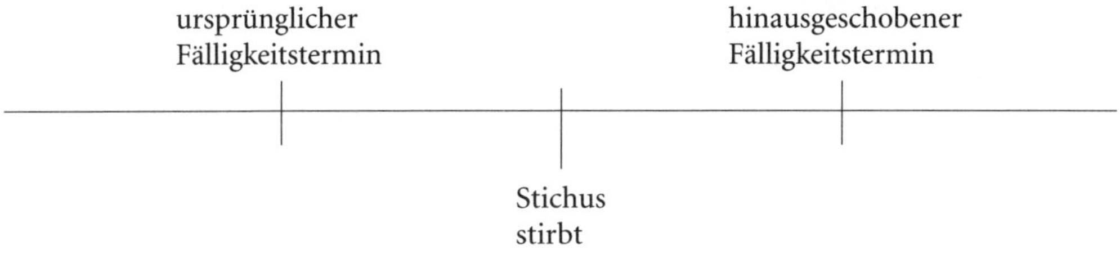

[50]) Klarerweise war Stichus nicht schon vorher tot, weil sich dann kein Anlass mehr für eine Stundungsabrede böte.

[51]) Und warum nicht nachher? Weil dann der Schuldner ja in Verzug wäre und damit ein Haftungsfall vorläge, was nicht zur Entscheidung *non teneri* passen würde.

[52]) Kommt es darauf an, ob der Gläubiger dies nicht wusste?

D 19, 1, 1 pr. (Ulp. 28 ad Sab.)

Si res vendita non tradatur, in id quod interest agitur, hoc est quod rem habere interest emptoris : hoc autem interdum pretium egreditur, si pluris interest, quam res valet vel empta est.

Wenn die verkaufte Sache nicht übergeben wird, wird auf das Interesse geklagt, das heißt, auf das, was dem Käufer daran gelegen ist, die Sache zu haben: das aber geht bisweilen über den Preis (oder Wert?) hinaus, wenn mehr daran liegt, als die Sache wert ist oder der Betrag, um den sie gekauft wurde.

Die Stelle handelt vom Interesseersatz bei Nichterfüllung durch den Verkäufer, mithin von der Berechnung des Nichterfüllungsschadens für den Käufer. Damit sind Nichterfüllungsfälle zu bilden, die zugleich Haftungsfälle sind, also etwa: Verzug, Diebstahl bei V (der die *custodia*-Haftpflicht des V auslöst), von V zu vertretende nachträgliche Unmöglichkeit der Leistung oder zufälliger Sachuntergang nach Schuldnerverzug (mit der Folge der Haftungsverschärfung auf *casus*).

Wieso *interdum?* Regelmäßig orientiert sich der Preis am Marktwert. Nur *interdum* (bisweilen) differiert beides. Dann also: *pretium* kann Wert oder Preis meinen. Was heißt es hier? Herrschend der Preis. Aber sinnvoll sind beide Deutungsvorschläge.

Welche Fälle eines übersteigenden Interesses lassen sich bilden? Was ist die Ausgangsbasis für die Interesseberechnung? Alternativ *quam res valet vel empta est.* Zergliedern wir:

A) Die Basis ist der Wert[53]), *quam res valet:*
Dann ergibt sich ein *pluris interest* zunächst sehr einfach:
a) Bei billigem Kauf. Das Interesse ist die Differenz des günstigen Preises zum höheren Sachwert.
b) Oder bei Weiterveräußerung über dem Wert.
Bereits hier ist aber fraglich: Ist dann der Interesseersatz als Differenz „entgangener Erlös minus Wert" zu berechnen, und zwar gleichgültig, ob der Käufer billig[54]) oder teuer[55]) kaufte, oder (weniger wahrscheinlich[56])) als Differenz „Weiterveräußerungserlös minus Einkaufspreis", der den Wert übersteigen kann (bei teurem Einkauf und noch teurerer Weiterveräußerung, wobei dann eben die Differenz geringer ist als der Unterschiedsbetrag „Erlös minus Wert")?

---

53) Mithin objektive Basis.

54) Dann begrenzt die Differenz „entgangener Erlös minus Wert" den Interesseersatz.

55) Dann errechnet sich ein höherer Interesseersatz als der Käufer bei ordnungsgemäßer Abwicklung des Kaufvertrages lukriert hätte, indem er den (teuren) Preis zahlen hätte müssen.

56) Weil man damit die Berechnungsbasis „Wert" verließe.

B) Die Basis ist der Preis[57]), *quam empta est:*
Dann entsteht ein *pluris interest* in den Fällen:
a) Wieder bei billigem Kauf (wenn die Sache mehr wert ist); erhalten bleibt die objektive Günstigkeit des Kaufes.
b) Bei teurem Kauf und noch teurerer Weiterveräußerung; erhalten bleibt die subjektive Günstigkeit des Kaufes.

Dann aber berechnet sich das Interesse als entgangener Gewinn in Höhe der Differenz „Verkaufspreis minus Einkaufspreis".

Nun die Konsequenz daraus für die Wortfolge *pretium egreditur* in den verschiedenen Deutungsannahmen Wert/Preis: Die Fälle zu a) sind ident, gleich ob man *pretium* als Preis oder Wert versteht. Aber bei *pretium* = Wert müsste man die Interesseberechnung zu A b) (entgangener Gewinn bezogen auf den Wert) vertreten, bei *pretium* = Preis die Berechnung zu B b) (entgangener Gewinn bezogen auf den Preis).

Teuer gekauft und Weiterverkauf über Wert

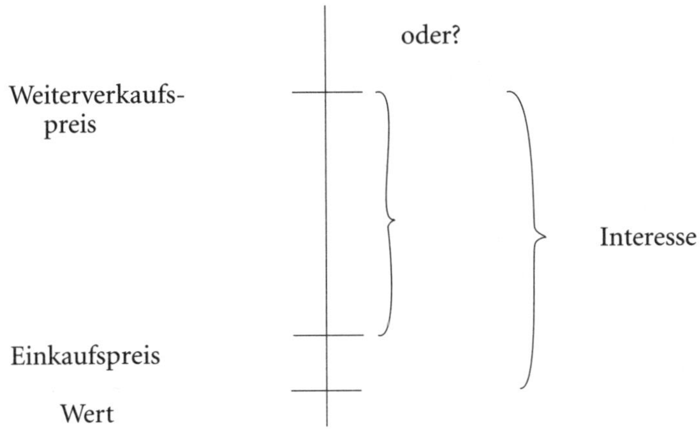

57) Subjektive Basis.

D 18, 1, 34, 6 (Paul. 33 ad ed.)

Si emptio ita facta fuerit: „est mihi emptus Stichus aut Pamphilus", in potestate est venditoris, quem velit dare, sicut in stipulationibus, sed uno mortuo qui superest dandus est: et ideo prioris periculum ad venditorem, posterioris ad emptorem respicit. sed et si pariter decesserunt, pretium debebitur: unus enim utique periculo emptoris vixit. ...

Wenn der Kauf folgendermaßen abgeschlossen worden ist: „Stichus oder Pamphilus soll mir gekauft sein", so liegt es in der Macht des Verkäufers, wen er leisten will, so wie bei Stipulationen; aber wenn einer gestorben ist, muss er den übrigen leisten: und daher trägt für den früheren (sc sterbenden) der Verkäufer die Gefahr, für den späteren der Käufer. Aber auch wenn beide gleichzeitig gestorben sind, wird der Kaufpreis geschuldet: einer hat nämlich jedenfalls auf Gefahr des Käufers gelebt. ...

Der 1. Satz: Was liegt vor ? Eine Wahlschuld mit den (beiden geschuldeten, aber nur einen zu leistenden) alternativen Leistungsobjekten Stichus und Pamphilus.

Wer ist wahlberechtigt? Der Verkäufer als Sachleistungsschuldner.

Dann die Komplikation: Einer stirbt. Somit zufälliger Sachuntergang *nach Perfektion* des Kaufes. Damit stellt sich ein Gefahrtragungsfall. Welcher? Der des Stückkaufes oder des Gattungskaufes? Die Wahlschuld ist dem Gattungskauf viel näher. Was kann V also nicht? Den Toten wählen und die Preisgefahr auf den Käufer überwälzen. Sondern: Der Verkäufer trägt die Leistungsgefahr so wie ein Gattungsschuldner (oder besser der Schuldner eines Vorrats), dh, er muss mit einem anderen Stück der Gattung (des Vorrats) erfüllen ohne für das untergegangene Stück die Gegenleistung zu erhalten.

Was trat mit Tod des einen ein? Die *Konzentration der Leistung* auf das noch mögliche andere Stück. Jetzt unterliegt die Wahlschuld dem Spezieskauf mit der dafür geltenden Gefahrtragungsregel *periculum est emptoris.* Somit: Stirbt dann auch noch der andere, so muss der Käufer für diesen[58]) den Preis zahlen.

Dann der zugespitzte Fall der commorienten: Gleichzeitiger Tod (oder es ließ sich nicht mehr feststellen, wer von beiden früher starb).

Was vorhin für die einander abwechselnden Themata der Gefahrtragung galt, ist jetzt gleichsam in einem Punkt zusammengeschoben: Alle Gefahrtragungsfälle (die sich oben gestreckt, einer nach dem anderen realisierten) haben sich nun schlagartig verwirklicht: Die *Leistungsgefahr* für den Verkäufer, *die aber obsolet ist,* und die *Preisgefahr* für den Käufer.

---

[58]) Da ohnedies *ein* Preis vereinbart ist, ist diese Präzisierung irrelevant. Und wenn für beide ein verschieden hoher Preis ausgemacht wäre, dann wäre der Vertrag noch nicht perfekt. Konzentration würde aber perfizieren und dann käme es schon darauf an, für welchen Sklaven K nun die Preisgefahr trägt.

D 21, 1, 47 pr. (Paul. 11 ad Sab.)

Si hominem emptum manumisisti, et redhibitoriam et quanti minoris denegandam tibi Labeo ait, sicut duplae actio periret: ergo et quod adversus dictum promissumve sit, actio peribit.

Wenn du den gekauften Sklaven freigelassen hast, so ist dir sowohl die Wandlungs- als auch die Preisminderungsklage zu verweigern, sagt Labeo, so wie auch die *actio duplae* unterginge. Daher wird auch die Klage aus Verstößen gegen *dicta et promissa* erlöschen.

Sachverhalt: Tu kauft einen mangelhaften Sklaven („mangelhaft" ist für den SV zu folgern aus *redhibitoria et quanti minoris:* Wenn es sich um Gewährleistungsansprüche dreht, dann musste der Sklave einen Mangel gehabt haben). Dann lässt er ihn frei.

Entscheidung: Tu verliert sowohl die *redhibitoria* als auch die *quanti minoris,* sowie sonstige Ansprüche wegen des Sachmangels.

Begründung: Was liegt in der Freilassung? Bekundete tu durch die Freilassung schlüssig, dass er auf den Sklaven keinen Wert mehr legt, so ist daraus ein weiterer Schluss auf die Verfolgung der Mängelansprüche zu ziehen? Was kommt sonst noch in Frage? Sieht man isoliert nur auf die *redhibitoria,* so käme in Betracht: Der wandlungsberechtigte Käufer ist für die Rückabwicklung vorleistungspflichtig, dh: Er müsste *zuerst den Sklaven zurückstellen,* dann erst bekommt er den Preis retour. Das kann er nun nicht mehr. Also: von tu zu vertretende rechtliche Unmöglichkeit der Rückstellung. Aber diese Begründung passt für den Verlust auch der Preisminderungsklage nicht. Daher ist wahrscheinlicher (weil die Begründung durchgehend haltbar ist): In der Freilassung liegt ein *konkludenter Verzicht* auf die Gewährleistungsansprüche[59]).

---

59) So schon *Gustav Hanausek,* Die Haftung des Verkäufers für die Beschaffenheit der Waare (Berlin 1883) 146.

E. Rechtsmängel

D 21, 2, 15, 1 (Paul. 5 ad Sab.)

Si usus fructus evincatur, pro bonitate fructuum aestimatio facienda est. sed et si servitus evincatur, quanti minoris ob id praedium est, lis aestimanda est.

Wenn der Fruchtgenuss evinziert wird, ist nach dem Fruchtertrag zu schätzen. Aber auch wenn eine Dienstbarkeit evinziert wird, ist der Streitwert (danach) zu berechnen, wieviel das Grundstück deswegen weniger wert ist.

Rekonstruktion: Der Vertragspartner des Usufruktuars war zur Bestellung des Fruchtgenusses nicht berechtigt. Wie ist das plastischer zu denken, wenn man den simplen Fall, dass V Nichteigentümer war, einmal außer Betracht lässt? Etwa der Erbe bestellt dem Usufruktuar den Fruchtgenuss, wobei ein Ususfruktlegat an dieser Sache (als Inhalt eines Vindikationslegats) dem L hinterlassen war. Damit erwarb der Legatar das dingliche Recht des Fruchtgenusses abgeleitet vom Erblasser und das Verfügungsgeschäft der Ususfruktbestellung, das der Erbe vornahm, ist unwirksam (wirksam ist nur das Verpflichtungsgeschäft). Der Fall der Dienstbarkeitseinräumung ließe sich genauso denken.

Dann klagt der Legatar den U mit der *vindicatio ususfructus* (oder der Eigentümer mit der Vindikation auf die Früchte bzw der *actio negatoria),* womit der Eviktionsfall (Verlust des ungestörten Besitzes[60]) durch berechtigte Klage eines Dritten) eintritt.

Damit ist U zum Eviktionsregress *pro bonitate fructuum* berechtigt. Und das bedeutet für die Berechnung der Regresssumme? Klar ist, dass der Streitwert jedenfalls die von U gezogenen und bei ihm im Zeitpunkt der Klage des Dritten noch vorhandenen Früchte[61]) erfasst, die er dem berechtigten Dritten herausgeben musste, sowie die pro futuro entgangene Nutzung (für die restliche Dauer des verlorenen Fruchtgenusses). Die vor Eviktion (= vorprozessual) bereits konsumierten (gutgläubig[62]) verbrauchten) Früchte konnten dagegen auch nicht so evinziert werden, dass U dem berechtigten Dritten Wertersatz (Vergütung der Bereicherung) zu leisten hatte[63]). Damit ergibt sich insoweit auch kein Regressfall[64]).

---

[60]) Hier an den Natural- oder Zivilfrüchten (etwa: Bestellt war der Fruchtgenuss an einem Zinshaus. E bzw der Vindikationslegatar klagt U auf Herausgabe der Mieteinnahmen, womit er durchdringt).

[61]) Und auch das *stellvertretende commodum,* das kondiziert werden könnte wie in D 12, 1, 23 bzw in den Vindikationsprozess einzubeziehen ist wie in D 6, 1, 17 pr.

[62]) Bei Unredlichkeit, also Kenntnis des Rechtsmangels, entfiele ja ohnehin die Regressberechtigung.

[63]) Systemüberlegung: Vgl den bereicherungsfreien originären Fruchterwerb des redlichen Besitzers, dem die verbrauchten Früchte *(fructus consumpti)* ohne Erstattungspflicht verbleiben. Der Fruchterwerb des Ususfruktuars ist nicht originär, sondern derivativ, wobei der der abgeleitete Erwerb in der obigen Stelle gescheitert ist; aber dann steht er so, wie ein redlicher Erwerber, der, ohne dass er die Sache selbst ersitzen könnte, deren Früchte originär erwirbt (vgl den *lana ovium furtivarum*-Fall D 41, 3, 4, 19: Dazu *G. Klingenberg* im Medienkoffer, Arbeitsgemeinschaft, 51).

Und die Streitwertberechnung für die Regressklage im Servitutenfall? Die *quanti minoris*-Berechnung berücksichtigt, wieviel das Grundstück in herrschender Stellung mehr wert ist als ohne diese[65]).

[64]) Vindiziert der Dritte erst nach geraumer Dauer der Ausübung des Fruchtgenusses, so wird er weniger bekommen und der Eviktionsregress damit geringer sein, als wenn sich der Dritte sogleich nach Bestellung „rührt". Wie viel gutgläubig konsumiert wurde, ist richterlich auszumitteln. Darauf geht wohl *aestimatio facienda.*

[65]) Das könnte auch konkret mit dem Betrag berechnet werden, wie viel für die Dienstbarkeitseinräumung gezahlt werden musste.

D 21, 2, 67 (Pap. 10 resp.)

Emptori post evictionem servi quem dominus abduxit venditor eundem servum post tempus offerendo, quo minus praestet quod emptoris interest, non recte defenditur.

Dadurch dass der Verkäufer dem Käufer nach Eviktion des Sklaven, den der Eigentümer weggeführt hat, denselben Sklaven nach einer Zeit anbietet, um nicht das Interesse zu ersetzen, verteidigt er (der Verkäufer) sich nicht zielführend.

Was ist passiert? *Post evictionem servi:* In der einfachsten Fallannahme: Der Verkäufer war Nichteigentümer. Der Eigentümer klagte den Käufer mit der Vindikation auf Herausgabe; (könnte *abduxit* ein Indiz für vorprozessuale Herausgabe sein, indem der Käufer nach Streitverkündigung an den Verkäufer den Sklaven bei *litis contestatio* nicht verteidigte und der Prätor den Vindikanten zum *duci* [Wegführen] ermächtigte? Möglicherweise haltbar.) Damit trat der Eviktionsfall ein, der den Käufer zum Eviktionsregress berechtigte, sodass K gegen V die *actio empti* auf Ersatz des Interesses anstellen wird oder bereits anstellte. Nun erst gelang es dem Verkäufer den verkauften Sklaven vom Eigentümer zu erwerben und er bietet den Sklaven nunmehr dem Käufer an, um den Interesseersatz abzuwehren. Muss der Käufer den Sklaven annehmen? Nein, das *offerendo kommt zu spät.* V kann den Eviktionsregress (mithin die Rechtsmängelhaftung) damit nicht abwenden.

(Läge nicht im Erwerb des V von E eine Heilung der Verfügung zwischen V und K, sodass K nach Eviktion Eigentümer des Sklaven geworden wäre? Oder sind die Wirkungen der „unvollkommenen Tradition“, die noch heilen könnte[66]), [oder im Bild von *Jhering,* des „langgestreckten Rechtsgeschäfts“, aus dem noch etwas werden kann] mit der Eviktion beendet? Eben Letzteres, weil die Annahme, dass die unwirksame Verfügung jetzt noch heilen könnte nicht ins System der Rechtsmängelhaftung passen würde.)

Gegen den Willen des Käufers kann die Klage auf *quod interest* nicht abgelöst werden, sondern nur, wenn der Käufer damit einverstanden wäre (etwa weil er in erster Linie doch am Sklaven interessiert ist). Aber dies wäre keine nachträgliche Erfüllung des Kaufes, sondern *datio in solutum* (Hingabe an Zahlungs statt[67]), die ein Vertrag ist[68])) für den Interesseersatz, indem der Sklave statt des *quod interest* hingegeben wird, maW der Sklave nun Erfüllungssurrogat für das Interesse ist.

[66]) Vgl oben bei D 21, 3, 1 pr.

[67]) Heute § 1414 ABGB.

[68]) Also eine Novation des *quod interest.*

F. Concursus Causarum

D 21, 2, 9 (Paul. 76 ad ed.)

Si vendideris servum mihi Titii, deinde Titius heredem me reliquerit, Sabinus ait amissam actionem pro evictione, quoniam servus non potest evinci: sed in ex empto actione decurrendum est.

Wenn du mir den Sklaven des Titius verkauft hast, sodann Titius mich zum Erben eingesetzt hat, so sagt Sabinus, dass die Klage wegen Eviktion erloschen ist, weil der Sklave nicht (mehr) evinziert werden kann. Aber die Klage aus dem Kaufvertrag kann man anstellen.

Sachverhalt: Tu verkauft an ego einen Sklaven, der dem Titius gehört. Dann stirbt Titius und ego beerbt ihn.

Konsequenz? Ego kann, weil dies kein Eviktionsfall ist, nicht Eviktionsregress nehmen. Aber *ex empto* klagen. Worauf? Auf Preisrückzahlung.

Begründung: Aus welcher *causa* hatte ego den Sklaven als Titius noch lebte? Aus der Kaufcausa. Was war ego sachenrechtlich? Ersitzungsbesitzer (sofern der Sklave nicht furtiv war). Was geschieht durch den Erbgang nach Titius? Ego folgt als Universalsukzessor dem Erblasser Titius in das Eigentum am Sklaven nach. Jetzt gehört ihm der Sklave, abgeleitet von Titius aus dem Erbrechtstitel. Also wechselte seine *causa* von Kauf auf Erbrecht („Rechtsgrundauswechselung") oder anders gesagt, auf die Kaufcausa trifft nun der Erbrechtstitel *(concursus causarum,* Zusammentreffen mehrerer Erwerbsgründe). *Dieser,* der Erbtitel, führt zum endgültigen Behalten der Sache. Zwar ist auch der Kauf ein auf endgültiges Behalten gerichteter Erwerbstitel, aber letztlich ist der Sklave nicht kaufgrundqualifiziert verschafft worden, weil der Erbgang dazwischen kam. Hat der Käufer dadurch einen Schaden erlitten? Er hat nun den Preis vergeblich („umsonst") gezahlt, weil ego ja zahlte, damit er eben *aus Kauf* den Sklaven hat (– der Verkäufer schuldet nicht „x-beliebiges" Verschaffen der Kaufsache, sondern *kaufgrundqualifiziertes* Verschaffen, ein *uti frui licere habere ex empto).* Den vergeblich gezahlten Preis als Schaden aus der Rechtsgrundauswechselung (– sie ist das den Schaden auslösende Ereignis), kann ego mit der Kaufklage zurück verlangen, weil tu (im Moment des Erbgangs und damit *iure hereditario*-Erwerbs) seine Verkäuferpflicht zum *licere habere ex empto* (Verschaffen ungestörten Besitzes aus Kauf) verletzte.

Klar ist, dass es zu keiner Eviktion mehr kommen kann: Ego müsste sich selbst klagen. Aber als Titius noch lebte, hätte *dieser* evinzieren können[69]).

Somit dürfte die wahrscheinlichste Deutung sein, dass die *Rechtsmängelhaftung* hier durch den Wechsel des Behaltensgrundes von Kauf auf Erbrecht ausgelöst wird.

---

[69]) *Wacke,* Die verschuldete Eviktion, FS Niederländer (1991) 157 sah daher hier den Fall einer „Quasi-Eviktion".

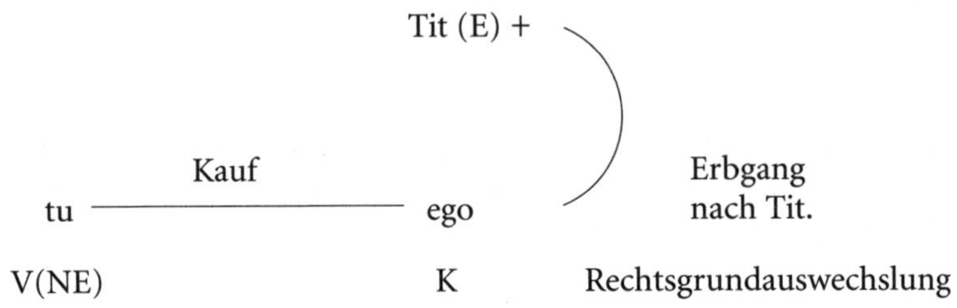
Tit (E) +
Kauf
tu
ego
Erbgang
nach Tit.
V(NE)
K
Rechtsgrundauswechslung

G. Miete

D 19, 2, 7 (Paul. 32 ad ed.)
Si tibi alienam insulam locavero quinquaginta tuque eandem sexaginta Titio locaveris et Titius a domino prohibitus fuerit habitare, agentem te ex conducto sexaginta consequi debere placet, quia ipse Titio tenearis in sexaginta.

Wenn ich dir ein fremdes Zinshaus um 50 vermietet habe und du es um 60 an Titius untervermietet hast und dem Titius vom Eigentümer das Wohnen verboten worden ist, so ist es herrschende Auffassung, dass du, wenn du mit der actio conducti klagst, 60 erhalten musst, weil du selbst dem Titius auf 60 haftest.

Die Skizze des Geschehens: tu ist Mieter des ganzen Hauses (heute bisweilen auch „Generalmieter" genannt) zum „Hauptmietzins" von 50; dann die gänzliche Untervermietung des Mietobjektes an Titius zum Untermietzins von 60[70]). Die Beträge lassen sich als Mietzinsvorauszahlung auf 5 Jahre (auf das quinquennium) verstehen. Dann das Wohnungsverbot des Eigentümers, dem sich der Untermieter Titius fügt, indem er die Wohnung räumt. Damit kann Titius von tu und tu von ego auf Mietzinsrückzahlung dringen.

Im Schrifttum nicht ganz klar ist, wieso Titius nur 60 verlangen kann[71]). Könnte sich sein vertraglicher Schadenersatzanspruch (genauer: die *interesse*Haftung des schuldlosen Vermieters[72])) nicht auf mehr belaufen, wenn am Wohnungsmarkt nur ein teureres Ersatzobjekt zu bekommen war? Aber die Begrenzung ist plausibel[73]): Wenn Titius statt als Untermieter als „Hauptmieter" mietete, kann er am Wohnungsmarkt billig um 50 mieten; in den 60 steckt ohnehin schon die „Spanne" aus der Untervermietung, die per se schon teuer ist.

Begründung für die *interesse*-Haftung des ego gegenüber tu auf 60? Die 60 bilden den *Haftungsschaden*[74]), das ist der Schaden, den der Ersatzberechtigte dadurch erlitten hat, dass er einem Dritten (hier: tu dem Titius) schadenersatzpflichtig wurde.

Wann wäre eine Ersatzpflicht des Haftungsschadens problematisch? Bei unverhältnismäßig hohem Untermietzins (beide Verträge, die Miete ego – tu und die Untervermietung

---

[70]) Mit einer sozialen Schwäche des Titius kann man also (für die unten diskutierte Frage, warum sich der Interesseersatz des Titius nur auf 60 beläuft) schwer argumentieren. Typisch wäre der Fall, dass man an mehrere (sozial Schwächere) untervermietet und erst aus der Summe der Untermietzinse den Gewinn lukriert.

[71]) Vgl *Medicus*, Id quod interest (Köln/Graz 1962) 97 mwN.

[72]) Oder wie könnte dieser Anspruch dogmatisch noch eingeordnet werden? Ist er ein bereicherungsrechtlicher Anspruch auf Rückzahlung? Oder Ersatz des Vertrauensschadens (negativen Vertragsinteresses)?

[73]) *Medicus* aaO 98 erklärt die Begrenzung des Interesseersatzes, den der schuldlose locator seinem Untermieter leisten muss, damit, dass sich sonst eine schwer verständliche Härte ergeben würde.

[74]) Auch „Haftungsinteresse" genannt, also das Interesse daran, den Schaden, den man einem Dritten ersetzen muss, hereinzubekommen.

tu – Titius, sind ja unabhängig voneinander zu beurteilen und auf die Vertragsgestaltung des tu hat ego keinen Einfluss). Muss bei Untervermietung um 100 nun ego verschuldensunabhängig dem tu die 100 als Haftungsinteresse ersetzen? (Oder wäre die Ersatzpflicht durch die *bona fides* begrenzt wegen ruinöser Regressbelastung, die ihren Grund nur darin hätte, dass der Mieter möglichst profitabel untervermieten wollte?) Was wäre daher dem ego bei der Vertragsgestaltung anzuraten? Einen Haftungsausschluss für einen den Hauptmietzins übersteigenden Haftungsschaden zu vereinbaren.

Und bei einem Untermietverbot (vertraglich ausgeschlossene Untervermietung)? Dann haftete ego dem tu nur auf Rückzahlung der 50, weil sich ein Haftungsschaden aus der verbotenen Untervermietung ergeben würde. Insofern wirkt ein Untermietverbot auch als Ausschluss der Haftung für einen Haftungsschaden.

H. Werkvertrag *

D 19, 2, 36 (Flor. 7 inst.)

Opus quod aversione locatum est donec adprobetur, conductoris periculum est: quod vero ita conductum sit, ut in pedes mensurasve praestetur, eatenus conductoris periculo est, quatenus admensum non sit: et in utraque causa nociturum locatori, si per eum steterit, quo minus opus adprobetur vel admetiatur. si tamen vi maiore opus prius interciderit quam adprobaretur, locatoris periculo est, nisi si aliud actum sit: non enim amplius praestari locatori oporteat, quam quod sua cura atque opera consecutus esset.

Bis das Werk, das als Gesamtwerk bestellt worden ist, abgenommen wird, trägt der Werkunternehmer die Gefahr. Was aber so bestellt worden ist, dass es nach Längen und Maßen geleistet wird, steht insoweit auf Gefahr des Werkunternehmers, als es nicht zugemessen worden ist. Und in beiden Fällen wird es dem Werkbesteller schaden, wenn es an ihm gelegen ist, dass das Werk nicht abgenommen oder zugemessen wird. Wenn aber das Werk durch höhere Gewalt früher untergegangen ist, als es abgenommen wird, so trägt der Werkbesteller die Gefahr, es sei denn, dass etwas anderes vereinbart wurde: Er muss nämlich gegenüber dem Besteller nicht für mehr einstehen, als er nach seiner Sorgfalt und Sachkunde erreicht hätte.

Welches Problem ist geregelt? *Periculum.* Also Gefahrtragungsfälle. Der erste Satz schildert den Fall des Gesamtwerkes, die *quod vero*-Variante den Fall, dass das Werk in Teilen erbracht wird.

Nun genauer der Fall des Gesamtwerkes: *donec adprobetur* (solange es nicht abgenommen wurde) trägt der Werkunternehmer die Preisgefahr, wenn das Werk zugrundegegangen oder abhanden gekommen ist. In diesen Fällen verliert der Unternehmer den Werklohnanspruch. Zum Risiko des Stoffverlustes sagt dies nichts aus. (Dieses Risiko trägt derjenige, der den Stoff beigestellt hat).

Was genau heißt *adprobetur?* Ist das die Übernahme des Werkes, also ein Akt des Bestellers, der das Werk billigt? (So wie heute eigene Abnahmeverfahren zur vereinbarten Prüfung des Werkes noch ausstehen können). Oder ein Akt des Werkunternehmers? Letzteres vertritt *Zitelmann*[75]) mit guten Gründen: Der Unternehmer „muss das opus dem Besteller als vollendet und der Billigung wert erweisen". (Zur Begründung für dieses Verständnis trägt Zitelmann. vor: Der Dativ *locatori: Dieser,* der Besteller, ist also der Empfänger der Adprobation. Und dann erklärt sich auch die Gleichsetzung von adprobare und admetire, zumessen, was ja eindeutig vom Unternehmer gesagt ist).

Der Unternehmer trägt bis dahin die Lohngefahr, weil die Umstände, die die *adprobatio* verhinderten (Misslingen des Werkes, Abhandenkommen, Untergang ehe das Werk zur *adprobatio* reif war) auf Seiten des Unternehmers liegen. Also gilt die sog „Sphärentheorie".

[75]) Digestenexegese (1925) 46.

Wird das Werk in Teilen erbracht (vgl heute: Das Werk in Abteilungen verrichtet: § 1170 ABGB), so bezieht sich die Abnahmepflicht nur auf den jeweils zur *adprobatio* anstehenden Werkteil, sodass die Preisgefahr bezüglich des jeweils zu übernehmenden Werkteils auf den Besteller übergeht.

Dann der fortgeführte Fall: *in utraque causa* rell.: Welche Situation ist mit *per eum (sc. locatorem) steterit, quominus opus adprobetur* gemeint? Der Abnahmeverzug durch den Besteller. In beiden Fällen geht mit Annahmeverzug die Lohngefahr auf den Besteller über.[76])

Wo genau ist der *si tamen vi maiore*-Fall anzuknüpfen? Wegen *prius quam adproberetur* also nicht an den Fall des Gläubigerverzugs. Im *si tamen vi maiore*-Fall kehrt sich die Gefahrtragungsregelung gegenüber oben um: Bei höherer Gewalt trägt der Besteller die Gefahr. Aber es könnte etwas anderes vereinbart werden. Sohin pendelt die Gefahrtragung: Bei zufällig verhinderter *adprobatio* trägt der Unternehmer die Lohngefahr, bei höherer Gewalt dagegen der Besteller, was aber wiederum vertraglich abbedungen werden kann (womit sie der Besteller auch für diesen Fall auf den Unternehmer überwälzt).

---

[76]) Vgl heute allgemein zum Gläubigerverzug § 1419 ABGB: „Hat der Gläubiger gezögert, die Zahlung anzunehmen, so fallen die widrigen Folgen auf ihn." Widrige Folge ist der Gefahrenübergang.

I. Auftrag

D 17, 1, 27 pr. (Gai. 9 ad ed. prov.)

Si quis alicui scripserit, ut debitorem suum liberet, seque eam pecuniam, quam is debuerit soluturum, mandati actione tenetur.

Wenn jemand jemandem geschrieben hat, dass er seinen Schuldner befreien solle und er das Geld, das dieser schuldete, zahlen werde, so haftet er mit der actio mandati.

Die Beteiligten: Der Briefverfasser, der Adressat des Schreibens und ein Schuldner des Adressaten. Zwischen Verfasser und Adressaten kommt ein *mandatum* zustande und zwar ein *Auftrag zum Schulderlass*. Der Adressat erfüllt diesen Auftrag und erlässt seinem Schuldner die Schuld. Was hat der Adressat somit auf die Erfüllung des Auftrages hin aufgewendet? Mit Schulderlass hat er sein Forderungsrecht gegen den S eingebüßt. Daher ist dem Adressaten (= Beauftragten) ein Aufwand in Höhe des Forderungsrechtes entstanden, den er vom Briefverfasser (= Auftraggeber) mit der *actio mandati contraria* (heute: § 1014 ABGB) ersetzt verlangen kann.

D 17, 1, 47, 1 (Pomp. 3 ex Plaut.)

Si is, qui pro te hominem dare fideiussit, alienum hominem stipulatori dederit, nec ipse liberatur nec te liberat et ideo mandati actionem tecum non habet. sed si stipulator eum hominem usuceperit, dicendum esse Iulianus ait liberationem contingere: eo ergo casu mandati actio post usucapionem demum tecum erit.

Wenn der, der sich für dich verbürgt hat, einen Sklaven zu übereignen, dem Stipulator einen fremden Sklaven leistete, so befreit er sich weder selbst noch befreit er dich und daher hat er nicht die actio mandati gegen dich. Aber wenn der Stipulator den Sklaven ersessen hat, so ist zu sagen, dass die Befreiung glückt, sagt Julian: Daher wird er in diesem Fall die *actio mandati* gegen dich erst nach Ersitzung haben.

Sachverhalt: Der Hauptschuldner ego schuldet die Übereignung eines Sklaven *(hominem dare.)* Der Bürge B leistete auf die Bürgschaftsstipulation dem Gläubiger einen Sklaven, der ihm nicht gehört.

Zu begründen ist: 1) *nec ipse liberatur nec te liberat.* 2) Und wieso glückt dann die Befreiung nach Ersitzung? Der Erfolg der *solutio* (= die Tilgungswirkung) tritt nur ein, wenn der Gläubiger das Geleistete *endgültig behalten* kann (D 46, 3, 61[77])).

[77]) (Paul. 5 ad Plaut.) In perpetuum quotiens id, quod tibi debeam, ad te pervenit et tibi nihil absit nec solutum repeti possit, competit liberatio.

Vgl den Fall, wenn eine verpfändete Sache zur Schuldtilgung geleistet wird:

D 46, 3, 20 (Pomp. 22 ad Sab.)

Si rem meam, quae pignoris nomine alii esset obligata, debitam tibi solvero, non liberabor, quia avocari tibi res possit ab eo, qui pignori accepisset.

Wenn ich meine Sache, die einem anderen zu Pfand verhaftet ist, dir leiste, *werde ich nicht befreit, weil dir die Sache entzogen werden könnte* von dem, der sie zu Pfand erhalten hat[78]).

Wann kann der Gläubiger in D 17, 1, 47, 1 den fremden Sklaven *endgültig behalten?* Erst mit Ersitzung[79]). Vorher könnte ihn der Eigentümer vindizieren, so wie in D 46, 3, 20 der Pfandgläubiger die Sache mit der dinglichen Pfandklage herausverlangen könnte.

Was schuldete der S (und damit der B)? Die Übereignung des Sklaven (als Inhalt der Stipulationsschuld, etwa: promittisne mihi Stichum dari? Versprichst du mir, den Stichus zu übereignen?)

Die Bürgschaftsschuld und damit zugleich die Hauptschuld sind sohin erst *getilgt*, wenn der Sklave „herausforderungsfest" bei G ist, genauer, wenn der Übereignungserfolg (dieser ist der Leistungserfolg) eingetreten ist. Erst dann war der *Aufwand zur Schuldtilgung nützlich*, sodass erst in diesem Moment B mit der *actio mandati contraria* auf Aufwandersatz den Bürgenregress gegen den Hauptschuldner nehmen konnte. In der fortgebildeten Version „post usucapionem" tritt der Übereignungserfolg hinterher ein, er kommt gleichsam durch die Hintertür der Ersitzung.

[78]) Ferner: D 46, 3, 72, 5.

[79]) Vgl D 46, 3, 60 (Paul. 4 ad Plaut.) Is, qui alienum hominem in solutum dedit, usucapto homine liberatur.

J. Kreditauftrag

D 17, 1, 27, 5 (Gai. 9 ad ed. prov.)

Si mandatu meo Titio credideris et mecum mandati egeris, non aliter condemnari debeo, quam si actiones tuas, quas adversus Titium habes, mihi praestiteris. sed si cum Titio egeris, ego quidem non liberabor, sed in id dumtaxat tibi obligatus ero, quod a Titio servare non potueris.

Wenn du auf meinen Auftrag hin dem Titius kreditiert (= ein Darlehen ausbezahlt[80])) und gegen mich mit der *actio mandati* geklagt hast, so werde ich nur dann verurteilt, wenn du mir die Klagen, die du gegen Titius hast, abtrittst. Aber wenn du gegen Titius geklagt hast, werde ich freilich nicht frei, sondern werde dir beschränkt auf das verpflichtet, was du von Titius nicht hereinbekommen kannst.

Die Beteiligten: Ego ist Auftraggeber, tu Beauftragter; Auftrag zur Darlehensauszahlung an Titius. Sohin der Sachverhalt: Ego beauftragte tu mit der Darlehensgewährung an Titius. Daraufhin zahlte tu die Darlehenssumme dem Titius aus. Dann klagt tu den ego auf Aufwandersatz.

Entscheidung: Ego ist nur zu verurteilen, wenn tu ihm seine Klagen gegen Titius aus dem *mutuum* abtritt.

Variante: Tu hält sich zunächst an seinen Vertragspartner aus dem Darlehen, Titius, und klagt ihn aus dem *mutuum* auf Darlehensrückzahlung, bekommt aber nicht den ganzen Betrag herein. Daraufhin hält er sich an den Kreditauftraggeber, ego, und klagt ihn aus dem Kreditauftrag.

Erörterung: Mit (auftragskonformer) Auszahlung der Darlehensvaluta an Titius kam zwischen tu und Titius der Realkontrakt *mutuum* (Darlehen) zustande und zugleich entstand dem tu der Aufwand der Darlehensauszahlung, den er in Erfüllung des Auftrages machte. Zwei Verträge liegen vor: Tu hat neben der Darlehensklage aus dem *mutuum* (neben der *condictio*) gegen Titius auch die *actio mandati contraria* gegen ego auf Erstattung der dem Dritten kreditierten Summe. Da tu sich somit an einen zweiten (hier: an den ego) halten kann, ist der Kreditauftrag also bürgschaftsähnlich.

Klagt tu sogleich aus dem Kreditauftrag den ego, etwa wegen Zahlungsstockung bei Titius, oder weil Titius überhaupt insolvent ist, so muss er dem ego die *condictio* gegen Titius abtreten, womit ego das *Verfolgungs- und Insolvenzrisiko* aus dem *mutuum* trägt, was dem wirtschaftlichen Sinn des Kreditmandats entspricht. (Tu kann die Darlehensklage, die wirtschaftlich vielleicht nichts mehr wert ist, leicht abtreten, denn das Geld bekommt er ja von ego. Und für ego ist die Klagsabtretung sinnvoll, wenn sich Titius wirtschaftlich wieder erholt.)

---

80) Den Kreditvertrag im heutigen Sinn kennt das römische Recht nicht.

Dann der Fortgang der Stelle: Tu erhält eine Teilzahlung aus dem *mutuum* und erleidet restlich einen Ausfall. Hier stellt sich das Problem der *doppelten Konkurrenz* (Klagen- und Personenkonkurrenz), nämlich: Wie konkurriert die *condictio* aus dem *mutuum* gegen Titius mit der *actio mandati contraria* auf Aufwandersatz gegen ego? Die Klage aus dem Kreditauftrag steht in verrechnender Konkurrenz zur Darlehensklage, dh, sie wird als Nachforderungsklage gegeben. Somit liegt Solutionskonkurrenz vor und nicht Konsumptionskonkurrenz[81]).

[81]) Diese würde bedeuten: Stellt tu die Darlehensklage an, so kann er mit der Klage aus dem Kreditmandat nicht mehr klagen. Durch die eine Klageerhebung wäre die andere Klage konsumiert (verbraucht). Damit würde er aber das Insolvenzrisiko aus dem Darlehen tragen, was nicht zum Kreditauftrag passt.

K. Bürgschaft

D 46, 1, 29 (Paul. 18 ad ed.)

Si sub impossibili condicione stipulatus sim, fideiussor adhiberi non potest.

Wenn ich mir unter einer unmöglichen Bedingung versprechen habe lassen, kann der Bürge nicht herangezogen werden.

Welches Rechtsverhältnis liegt zwischen Gläubiger (ego) und Hauptschuldner vor? Die Stipulationsschuld des S war durch ein unmögliches Ereignis bedingt. Rechtsfolge der *condicio impossibilis?* Sie macht das Geschäft *nichtig.* Kraft Akzessorietät haftet daher auch der Bürge nicht. Genauer: Ist der Bürgschaftsvertrag gültig (oder machte die der Hauptschuld beigefügte unmögliche Bedingung auch diesen nichtig)? Vgl heute § 1351 ABGB (nichtige, zB unerlaubte, ebenso erloschene Verbindlichkeiten können nicht verbürgt werden); ist *adhiberi non potest* als eine *ipso iure*-Wirkung zu verstehen oder bedarf es einer Einrede des Bürgen? Wohl so: Der Bürge hat die dem Hauptschuldner zustehende Einrede der nichtigen Schuld.

D 45, 1, 88 (Paul. 6 ad Plaut.)

Mora rei fideiussori quoque nocet. sed si fideiussor servum obtulit et reus moram fecit, mortuo Sticho fideiussori succurrendum est. Sed si fideiussor hominem occiderit, reus liberatur, fideiussor autem ex stipulatione conveniri potest.

Der Verzug schadet auch dem Bürgen. Aber wenn der Bürge den Sklaven angeboten und der Hauptschuldner in Verzug geraten ist, so muss man dem Bürgen helfen, wenn Stichus gestorben ist. Wenn aber der Bürge den Sklaven getötet hat, wird zwar der Hauptschuldner frei, aber der Bürge kann aus der Stipulation in Anspruch genommen werden.

Der erste Satz: Welcher Fall liegt ihm zugrunde? *Mora ex re* des Hauptschuldners (Nichterfüllung nach festgelegtem Zahlungstermin mit der Folge, dass der Schuldner auch ohne Mahnung in Verzug gerät; sonst vgl D 22, 1 32 pr.). Dann haftet auch der Bürge für die Folgen des Verzugs des Hauptschuldners (anders heute § 1346 Abs 2 ABGB). Zu erklären ist dies mit der Akzessorietät, Abhängigkeit von einem Schuldverhältnis, das nun eine besondere Qualität hat, nämlich „verewigt" (perpetuiert) ist. (Wie, wenn man jetzt schon *mortuo Sticho* denkt? Dann würde der Bürge auf Wertersatz haften.)

Dann die *sed si*-Variante: Wie ist *obferre* (Anbieten der Leistung durch den Bürgen) und *mora rei* (Verzug des Hauptschuldners) zusammen zu denken? Etwa so: Der Verzug endete für den Bürgen, indem er die Leistung so anbot, wie sie zu bewirken war *(purgatio morae,* Reinigung von den Verzugsfolgen). Verweigerte der Gläubiger die Annahme (ohne rechten Grund, *sine iusta causa),* so entfielen für die Zukunft die Folgen des Schuldnerverzugs und der Gläubiger kam seinerseits in Annahmeverzug. Die *purgatio morae* wirkte aber nur für den Bürgen (nicht auch für den Hauptschuldner). Stirbt dann Stichus, so tritt die Haftung durch die *perpetuatio obligationis* für den Bürgen nicht mehr ein.

Dann die zweite *sed si*-Variante: Der Bürge tötet den geschuldeten Sklaven. Damit wird der Hauptschuldner frei durch nachträgliche, zufällige[82]) Unmöglichkeit der Leistung. Aber der Bürge haftet weiter aus der Bürgschaftsstipulation. Welches Argument ist dem Bürgen damit abgeschnitten? Der Einwand aus der Akzessorietät. Vgl aber sogleich die folgende Stelle:

[82]) Fremdverschulden ist aus der Sicht des Hauptschuldners Zufall.

D 4, 3, 19 (Pap. 37 quaest.)

Si fideiussor promissum animal ante moram occiderit, de dolo actionem reddi adversus eum oportere Neratius Priscus et Iulianus responderunt, quoniam debitore liberato per consequentias ipse quoque dimittitur.

Wenn der Bürge das (stipulationsweise) versprochene Tier vor Verzug getötet hat, so muss gegen ihn die actio de dolo gegeben werden, haben Neratius Priscus und Julian das Gutachten erteilt, weil mit Befreiung des Hauptschuldners als Konsequenz auch er selbst frei geworden ist.

Sachverhalt: Der Hauptschuldner S promittierte dem Gläubiger die Leistung (wohl Übereignung: *dare)* eines bestimmten Tieres. Der Bürge B verbürgte sich hierfür. Vor Fälligkeitstermin (oder vor Mahnung) tötete der Bürge das geschuldete Tier.

Zu begründen ist: 1) S wird frei; 2) *per consequentias* auch der Bürge; 3) die *actio doli* gegen B.

Zu 1) Der Hauptschuldner wurde frei durch nachträgliche zufällige Unmöglichkeit der Leistung. Was ist nicht eingetreten? Die *perpetuatio obligationis;* Begründung: weil sich der nicht zu vertretende Untergang des Leistungsgegenstandes *ante moram* abspielte. Damit geht gegen den Hauptschuldner sowohl der primäre Anspruch auf *dare* ins Leere, weil es die Sache nicht mehr gibt, als auch der sekundäre Anspruch auf Wertersatz, weil S nicht haftet.

Käme noch ein ersatzweiser Schuldinhalt in Betracht? Tötete B das Tier des S, so wäre die *actio legis Aquiliae* auf Schadenersatz zu überlegen und zu prüfen, ob nicht diese als stellvertretendes commodum dem G abzutreten wäre. Dagegen der erste Einwand: Käme bei einer strengrechtlichen Klage überhaupt die Klagsabtretung als Surrogat für den untergegangenen Leistungsgegenstand in Betracht? Und der mit einem weiteren Quellenbeleg stichhaltige Einwand: Hat S einen Schaden erlitten? Denkt man sich die Tötung weg, so hätte S das Tier geleistet, es wäre also aus seinem Vermögen fortgekommen an G, von dem er die Gegenleistung erhielt. Und an der Gegenleistungspflicht des G änderte sich nichts: Denkt man an wechselseitige Stipulationen, so muss G zahlen und ist ein Kauf der wirtschaftliche Hintergrund, so trägt G die Preisgefahr. Vermögensbilanz: S hätte das Tier ohnedies nicht mehr und die Gegenleistung bekommt er ja; er hat mithin keine Einbuße erlitten. Warum aber ist diese Schadensberechnung abzulehnen? Weil sie auf das sonstige Vermögen des Geschädigten abstellt und nicht nur auf das konkrete Rechtsgut „Eigentum am Tier". Lehnt man heute den Ersatz „reiner Vermögensschäden" ab, weil dies auf eine Ausuferung der Haftung hinausliefe, so würde man hier umgekehrt den deliktischen Schadenersatz verneinen wegen einer Gesamtbetrachtung des (sonstigen) Vermögens.

2) Da der Hauptschuldner frei geworden ist, so kraft Akzessorietät auch der Bürge. Hinter *per consequentias* steckt also das Argument der Abhängigkeit der Bürgenverpflichtung von der gesicherten Forderung, die hier erloschen ist.

3) Somit die subsidiäre[83]) *actio doli* wegen vorsätzlicher Schädigung fremden Vermögens gegen B. Hinsichtlich welchen Vermögensobjektes ist G geschädigt? Hinsichtlich des Tieres? Nein, dieses gehörte ihm ja noch nicht. G hat durch die Schädigung des B sein Forderungsrecht eingebüßt; untergegangen ist sowohl die Forderung (die *actio)* gegen den S als auch *per consequentias* gegen den Bürgen.

[83]) Dh, sie ist erst zu geben, wenn eine andere Klage nicht zu Gebote steht; diese Voraussetzung liegt vor.

L. Gesellschaft *

D 17, 2, 14 (Ulp. 30 ad Sab.)

Si convenerit inter socios, ne intra certum tempus communis res dividatur, non videtur convenisse, ne societate abeatur. quid tamen si hoc convenit, ne abeatur, an valeat? eleganter Pomponius scripsit frustra hoc convenire : nam et si non convenit, si tamen intempestive renuntietur societati, esse pro socio actionem. sed et si convenit, ne intra certum tempus societate abeatur, et ante tempus renuntietur, potest rationem habere renuntiatio. ...

Wenn unter den Gesellschaftern vereinbart worden ist, dass die gemeinschaftliche Sache innerhalb eines bestimmten Zeitraums nicht geteilt wird, so scheint man nicht vereinbart zu haben, von der Gesellschaft nicht abzugehen. Wie, wenn man dennoch einen Kündigungsverzicht vereinbart hat, ist dieser gültig? Elegant schreibt Pomponius, dass die Vereinbarung wirkungslos ist. Denn auch wenn das nicht vereinbar ist, kann mit der actio pro socio geklagt werden, wenn man die Gesellschaft zur Unzeit kündigt. Aber auch wenn vereinbart ist, aus der Gesellschaft innerhalb einer bestimmten Zeitdauer nicht auszutreten, und vor Zeitablauf aufgekündigt wird, kann die Aufkündigung Berechtigung haben. ...

Problem: Liegt im vertraglich vereinbarten (befristeten) Teilungsverbot ein konkludenter (befristeter) Kündigungsverzicht? Einhellig ablehnend die genannten Juristen.

Vorüberlegung: Auf welche Dauer kann eine Gesellschaft eingegangen werden?

a) Auf unbestimmte Zeit (= unbefristet). Dann wird die Gesellschaft entweder durch Austrittskündigung beendet, oder der Tod eines Gesellschafters löst die Gesellschaft auf (Paul. D 17, 2, 1 pr.: Societas coiri potest vel in perpetuum, id est dum vivunt, ...).
b) Oder auf bestimmte Zeit (= befristet; so der Fortgang von D 17, 2, 1 pr.: ... vel ad tempus vel ex tempore vel sub condicione). Dann endet die Gesellschaft von selbst durch Fristablauf (ohne dass es einer ordentlichen Kündigung bedarf). Aus wichtigem Grund kann aber die Gesellschaft vorzeitig (mithin trotz Kündigungsausschlusses, der in der Befristung liegt, vor der bedungenen Zeit) gekündigt werden (heute: sogenannte „außerordentliche Kündigung" aus wichtigem Grund): So die „sed et si convenit, ne intra certum tempus societate abeatur, et ante tempus renuntietur"-Passage in unserer Stelle.

Wie lautet sohin der Gedankengang? Das (von Paulus vorgefundene) Argument von Pomponius ist ein „*ohnedies*-Argument", das den Sinn und Zweck eines Kündigungsverzichtes auf den praktisch relevanten Fall des Teilungsverbots reduziert: Das *Teilungsverbot* wurde ja vereinbart, um eine Teilung zur Unzeit zu verhindern (das heißt, eine Teilung dann, wenn die Marktpreise sinken oder sich kein Käufer findet etc.). Dann würde auch der Kündigungsverzicht, wenn man diesen im Teilungsverbot erblickte, eben nur diesen Sinn haben. (Mit anderen Worten: Weiter als der Zweck des Teilungsverbotes könnte ja der Kündigungsverzicht nicht gehen.) Nun kann aber, selbst wenn die Gesellschaft unbefristet eingegangen wurde, ein Gesellschafter ohnedies nicht so ohne weiteres austreten, wenn der Austritt zur Unzeit geschähe, das heißt, für die übrigen Gesellschafter Nachteile mit sich bringen würde. Man erreicht also durch den verbotenen Austritt zur Unzeit ohnehin im Ergebnis die gleiche Situation, wie durch einen Kündigungsverzicht, den man so versteht, dass er für den Fall eines Nachteils für die Gesellschaft gilt. Mithin erübrigt es sich, für diesen Fall einen im Teilungsverbot schlüssig vereinbarten Kündigungsverzicht hinsichtlich der *societas* anzunehmen.

Zur Austrittskündigung vgl heute § 1212 ABGB.

D 17, 2, 1, 1 (Paul. 32 ad ed.)

In societate omnium bonorum omnes res quae coeuntium sunt continuo communicantur.

Bei der Gesellschaft *omnium bonorum* (Gesellschaft zum gesamten Vermögen) werden alle Sachen, die den Vertragsschließenden gehören, sogleich vergemeinschaftet.

Continuo: sofort, sogleich. Wann also? Mit Abschluss des Gesellschaftsvertrages. Wie entstehen die Miteigentumsanteile am Gesellschaftsvermögen? (Sachenrechtlich: wie geschieht die kausale Tradition? Titel ist der Gesellschaftsvertrag, aber der modus?)

Im Gesellschaftsvertrag liegt ein *gegenseitiges tacitum constitutum possessorium* zu ideellen Teilen der einzelnen Sachen[84]).

Und wenn man *continuo* im Sinn von „in ununterbrochener Folge" auffasst? Dann ließe sich an die durch die werbende Gesellschaft neu hinzukommenden Sachen denken, die nach Gesellschaftsanteilen vergemeinschaftet werden. Also liegt im Gesellschaftsvertrag auch ein schlüssiges, vorweggenommenes (antizipiertes) Besitzkonstitut für die künftig erworbenen Sachen? Vielleicht haltbar, aber die Textpassage *quae coeuntium sunt* (Präsens) passt nicht recht (außer man vertritt eine Prolepse).

Was gilt also für die *societas omnium bonorum* nicht? Eine Einbringung lediglich quoad usum (bloß zum Gebrauch)[85]).

[84]) Das schlägt bereits *E. Pagenstecher,* Pandektenpraktikum (Heidelberg 1860) 192 vor.

[85]) *Meissel,* Societas (Frankfurt/Main 2004) 232; 246 ff.

M. Schenkung*

D 39, 5, 2, 2 (Iul. 60 dig.)

Cum vero ego Titio pecuniam donaturus te, qui mihi tantundem donare volebas, iussero Titio promittere, inter omnes personas donatio perfecta est.

Wenn ich aber in der Absicht, dem Titius Geld zu schenken, dich, der du mir ebensoviel schenken wolltest, angewiesen habe, dem Titius (in Stipulationsform) zu versprechen, so wird zwischen allen Personen eine Schenkung vollzogen.

Sachverhalt und Entscheidung: Ego, der dem Titius eine Geldsumme schenken will, weist den tu, der dem ego denselben Betrag schenken will, an, dem Titius die Zahlung zu versprechen. Mit der Schenkungsstipulation zwischen tu (= promissor = Stipulationsschuldner) und Titius (= stipulator = Stipulationsgläubiger) sind zwischen allen drei beteiligten Personen Schenkungen perfekt.

Erörterung: Die Schenkung: Sie ist entweder eine Barschenkung (gleichbedeutend: Handschenkung) als sofort vollzogenes Leistungsgeschäft unter Beredung der *causa donandi* oder ein Verpflichtungsgeschäft, dann aber nur als Schenkungsstipulation denkbar. Klar ist daher die Schenkungsperfektion zwischen tu und Titius, weil hier eine Schenkungsstipulation vorlag. Was ist nun Gegenstand der Schenkung im Verhältnis ego – Titius und tu – ego, sodass deren Schenkungsobjekte zugleich mit der Schenkungsstipulation (tu – Titius) geleistet wurden? In beiden Verhältnissen ist eine Schenkungsstipulation nicht ersichtlich, sodass dort jeweils eine Barschenkung vorliegen muss, damit die Schenkung des ego an Titius und des tu an den ego als durch die Stipulation des tu an den Titius als sogleich ausgeführt wirksam ist. Mit anderen Worten: Was stellt das Barerfordernis im Deckungs- und Zuwendungsverhältnis her? Überlegen wir das durch die Stipulation des tu bei Titius und bei ego eingetretene Vermögensaktivum, das als durch die Schenkung des ego an Titius und tu an ego geleistet in beiden Verhältnissen das Barerfordernis erfüllt:

Durch die Stipulation schenkt ego dem Titius *die promissio des tu*[86]) und tu schenkt dem ego *die Ersparnis* der Aufwendungen für ein eigenes Geschenk.

Die Schenkungsstipulation hat also zugleich zwei Barschenkungen vollzogen. Dieser doppelte Leistungsvollzug *causa donandi* ist nicht zirkulär in dem Sinn zu begründen, dass mit der Stipulation ego die *promissio* des tu dem Titius schenkte und erst dadurch ego dem tu die Ersparnis, noch im Kreis herum in die andere Richtung, dass die Schenkung der Ersparnis die Bedingung für das Schenkungsobjekt der *promissio* des tu an Titius war, sondern die Schenkungsstipulation hat zugleich in beide Richtungen gewirkt und im Deckungs- und Zuwendungsverhältnis simultan jeweils die Barschenkung zustande gebracht. Der Vollzug der Schenkungen lässt sich also weder in eine zeitliche, noch in eine logische Abfolge zergliedern. Die Ersparnis eigener Ausgaben für die Schenkung an den

---

[86]) Die *promissio* als Gegenstand der Schenkung ist mehrfach belegt, vgl etwa D 24, 1, 3, 10.

Titius ist genau das Aktivum, das sich im Vermögen des ego im Zeitpunkt der Vornahme der *stipulatio* realisiert hat und das als von tu an ego geleistet dort das Barerfordernis herstellt.

Was käme als Begründung der Schenkungen des tu an ego und des ego an Titius allenfalls noch in Frage? Denkbar wäre, die Schenkungsperfektion aus dem doppelten Leistungsvollzug der Anweisung (siehe sogleich zu D 46, 3, 64) zu erklären. Aber das beantwortet noch nicht, was genau die Schenkungsobjekte im Verhältnis tu – ego und ego – Titius sind.

N. Gesamtschuld

D 45, 2, 7 (Flor. 8 inst.)

Ex duobus reis promittendi alius in diem vel sub condicione obligari potest: nec enim impedimento erit dies aut condicio, quo minus ab eo, qui pure obligatus est, petatur.

Von zwei Gesamtschuldnern[87]) kann der eine betagt oder unter einer Bedingung verpflichtet werden: Der Termin oder die Bedingung wird nämlich nicht zum Hindernis gereichen, dass von dem, der unbedingt verpflichtet ist, eingeklagt wird.

Welche Rechtslage ist geschildert?

Vorteilhaftere Bedingungen können einem Gesamtschuldner für seine Person gewährt werden (spätere Fälligkeit seiner Zahlungsverpflichtung; oder dass die Schuld zwar für den einen unbedingt, für den anderen aber noch ungewiss ist, bei Ausfall der Bedingung also gar keine Solidarschuld bestanden hat). Sie wirken nur für den unmittelbar Beteiligten.

Somit dogmatisch: Ist die Solidarobligation (die Korrealität) akzessorisch (stehen beide in einem Abhängigkeitsverhältnis)? Wie der Beleg zeigt, nicht. Sohin tritt die Korrealität in einen gewissen Gegensatz zur Bürgschaft, die akzessorisch ist. Liegt im Fall der „halbseitig bedingten Solidarschuld" während Schwebens der Bedingung eigentlich schon eine Solidarschuld vor? Während der Pendenz schuldet der eine noch nicht, sondern nur der andere das Ganze. Erst wenn die Bedingung eintritt, bildet sich der Fall der Gesamtschuld, doch befindet sich schon mit der Pendenz die bedingte Solidarobligation „im Zustand des Werdens, der Bildung" und das ist, wie bei jeder bedingten Obligation, ein „Zustand, den das Recht ... durch das Verbot aller störenden Eingriffe in den ruhigen Verlauf des Entwicklungsprocesses in Schutz nimmt" (*Rudolph Jhering,* Geist des römischen Rechts, 3. Theil, 1. Abtheilung [Leipzig 1865] 160 mit Hinweis auf D 50, 17, 161).

Zur letzteren Bemerkung vgl heute auch die Judikatur zur **Bedingungsvereitelung (Erfüllungs- und Nichterfüllungsfiktion):** Die Bedingung gilt als eingetreten, wenn sie von dem, zu dessen Nachteil sie gereichen würde, wider Treu und Glauben vereitelt wurde: Spr 234 = JBl 1914, 233, Lit. zu § 897 ABGB.

---

[87]) Vgl die Sprachregelung in D 45, 2, 1 (Mod. 2 reg.): Qui stipulatur, reus stipulandi dicitur: qui promittit, reus promittendi habetur.

D 45, 2, 10 (Pap. 37 quaest.)

Si duo rei promittendi socii non sint, non proderit alteri, quod stipulator alteri reo pecuniam debet.

Wenn die zwei Gesamtschuldner nicht Gesellschafter sind, so nützt dem einen nicht, dass der Gläubiger dem anderen Schuldner Geld schuldet.

Die Situation: Zwei Gesamtschuldner, von denen einer eine Gegenforderung gegen den Gläubiger hat.

Was kann der in Anspruch genommene *andere* Solidarschuldner *nicht?* Mit der Gegenforderung seines Mitschuldners aufrechnen.

Die *vollzogene* Aufrechnung hätte Gesamtwirkung (heute § 1438 ABGB: durch die Aufrechnung wird „die gegenseitige Zahlung bewirkt“)? (wann wäre sie vollzogen? *Ipso iure compensatur);* aber woran fehlt es? An der Gegenseitigkeit.

Und wenn die Solidarschuldner Gesellschafter sind?

Die Begründung scheint nicht geklärt: Vertreten wird ein vorweggenommener Regress (ein Korrealschuldner kann mit der Forderung des Mitschuldners aufrechnen, wenn ihm dieser regresspflichtig ist[88]); wenig wahrscheinlich; müsste nicht der Rückgriff auch unter den Korrealschuldnern nach dem jeweiligen Innenverhältnis möglich sein?).

Kommt es darauf an, ob die Gegenforderung des Mitgesellschafters im Betrieb der Gesellschaft entstanden ist? Vielleicht dann so: Kann man die Gegenforderung als in die Gesellschaft eingebracht ansehen? Die *societas* ist zwar reine Innengesellschaft, aber möglicherweise hätte jeder Mitgesellschafter an eingebrachten Forderungen ein *ius agendi* (Klagerecht), sodass die eingezogene Forderung auf den Gewinnanteil entsprechend den Beteiligungsverhältnissen gutzubringen ist. Dann wäre klarer: Wenn der Gesellschafter die Forderung des Mitgesellschafters einklagen könnte, dann muss er auch mit ihr aufrechnen können.

---

[88]) So *Windscheid/Kipp,* Lehrbuch des Pandektenrechts[9] Bd 2, 490 (§ 350) mit den in Anm 19 Genannten.

O. Aufrechnung

D 16, 2, 7 pr. (Ulp. 28 ad ed.)

Quod in diem debetur, non compensabitur, antequam dies venit, quamquam dari oporteat.

Was betagt geschuldet wird, wird nicht aufgerechnet, bevor die Fälligkeit eintritt, obwohl geleistet werden müsste.

Die Ausgangslage zu *compensabitur:* Also Forderung und Gegenforderung. Die Aufrechnung wirkt wie eine wechselseitige Zahlung, soweit sich Forderung und Gegenforderung aufrechenbar gegenüberstehen.

Beteiligte Personen: Der Gläubiger und der Schuldner, der zugleich Gläubiger der Gegenforderung ist; *in diem debetur* ist vom Schuldner gesagt,[89]) mithin: S schuldet betagt, dh die Forderung des G ist noch nicht fällig. Die Gegenforderung des S kann man als bereits fällig annehmen. Ausgeschlossen ist mithin die Aufrechnung *mit* einer noch nicht fälligen Forderung (nicht *gegen* eine noch nicht fällige). (Die Forderung *mit* der man aufrechnet = aktiv kompensieren, hebt man ein.)

Wieso? Wer aufrechnet, zahlt und zieht seine Forderung ein. G würde also seine Forderung vor Fälligkeit einziehen, was den Zahlungsaufschub, der dem S gewährt wurde, zerstören würde. (MaW: G bekäme im Wege der Aufrechnung den gestundeten Betrag vor Fälligkeit herein.)

Umgekehrt: Könnte S aufrechnen? Ja. Denn das wäre der gleiche Fall, wie wenn S vor Fälligkeit zahlte (und das Gezahlte könnte er ja nicht rückfordern: D 12, 6, 10: In diem debitor adeo debitor est, ut ante diem solutum repetere non possit).

Zur Sprachregelung: Heute nennt man die Forderung mit der man aufrechnet „Gegenforderung" und die Forderung *gegen* die aufgerechnet wird (kompensierte) „Hauptforderung". Somit gleich zu obiger Stelle: GlUNF 291: Nur mit fälliger Gegenforderung kann aufgerechnet werden.

Vgl heute den zweiten Halbsatz in § 1439 ABGB: Zwischen einer richtigen und nicht richtigen, sowie zwischen einer fälligen und nicht fälligen Forderung findet die Kompensation nicht statt. ...

---

[89]) Viel einfacher ist die Fallannahme, wenn man die Wortfolge auf die Gegenforderung des S bezieht (in diem debetur ist vom Gläubiger gesagt): diese ist noch nicht fällig. Das Sachproblem ist dasselbe: S kann mit einer noch nicht fälligen Gegenforderung nicht aufrechnen.

D 16, 2, 14 (Iav. 15 ex Cass.)

Quaecumque per exceptionem perimi possunt, in compensationem non veniunt.

Was auch immer (gemeint: welche Forderung auch immer) durch eine Einrede aufgehoben werden kann, kommt für die Aufrechnung nicht in Betracht.

Die Wortfolge *per exceptionem perimi:* Somit liegt eine einredebehaftete Forderung vor. (Eine wegen dauernd rechtshindernder oder rechtsaufhebender Einrede, zB eine Erlasseinrede – *exceptio pacti conventi* oder *exceptio doli* – nicht mehr durchsetzbare *actio).* Ist sie nach *ius civile* erloschen? Nein; sie ist nur „amtsrechtlich" (= nach prätorischem Recht) nicht mehr durchsetzbar.

Welche Forderung ist einredebehaftet: Die Forderung, *mit* der oder die Forderung, *gegen* die aufgerechnet werden soll? Die Forderung, *mit* der kompensiert werden soll (in heutiger Terminologie: die Gegenforderung, mit der man gegen die Hauptforderung aufrechnet).

Warum der Kompensationsausschluss, wenn man *mit* einer einredebehafteten (unklagbaren) Forderung aufrechnen wollte? Weil man sonst die Einrede umgehen bzw ausschalten würde. (Oder maW, weil man sonst mit der Forderung, die man wegen der Einrede nicht mehr hereinbekäme – die also wirtschaftlich Null ist, zahlen würde).

Umgekehrt kann man aber *gegen* eine einredebehaftete Forderung aufrechnen. Wieso? Weil auf eine unklagbare Forderung auch gezahlt werden könnte.

Vgl nun den ersten Halbsatz in § 1439 ABGB: Zwischen einer richtigen und nicht richtigen, sowie zwischen einer fälligen und nicht fälligen Forderung findet die Kompensation nicht statt. ...

Somit: Im ersten Halbsatz begegnet D 16, 2, 14, im zweiten D 16, 2, 7 pr.

P. Geschäftsführung ohne Auftrag

D 3, 5, 42 (Labeo 6 post. epit. a Iav.)

Cum pecuniam eius nomine solveres, qui tibi nihil mandaverat, negotiorum gestorum actio tibi competit, cum ea solutione debitor a creditore liberatus sit: nisi si quid debitoris interfuit eam pecuniam non solvi.

Wenn du Geld im Namen dessen gezahlt hast, der dir dazu keinen Auftrag erteilt hat, steht dir die Klage aus GoA zu, weil durch diese Zahlung der Schuldner befreit worden ist: Außer wenn der Schuldner ein Interesse daran hatte, dass das Geld nicht gezahlt wird.

Tu zahlte auf eine fremde Schuld, für die er nicht haftet. (Vgl heute § 1042 ABGB: Wer für einen anderen einen Aufwand macht, den dieser nach dem Gesetze selbst hätte machen müssen, hat das Recht, den Ersatz zu fordern. Vgl ferner § 1422 ABGB: Zahlung auf eine „formell und materiell fremde Schuld" eines anderen, für die der Zahlende nicht haftet. Wieso zahlte er? Weil er schenken wollte? Dann hätte er nicht die Konträrklage aus GoA; richtig: weil er tilgen wollte, aber ohne auf den Regress zu verzichten).

Den *Aufwand zur Tilgung* der fremden Schuld kann tu mit der Konträrklage aus GoA vom befreiten Schuldner ersetzt verlangen. Lässt sich der Fall auch von der Bereicherung her denken? Der Schuldner ist um die Befreiung von der Verbindlichkeit bereichert. Wäre daher auch eine *condictio* denkbar? Zunächst passt kein Kondiktionentyp. Und woran fehlt es noch? An einer Leistung *(datio)* des tu an den S.

Dann der *nisi*-Satz: Welche Fälle sind denkbar? Wenn die Schuld streitig war (dem Grunde oder der Höhe nach), näherhin bei Zweifel über das Bestehen der Schuld. Das ist auch so denkbar, dass sich der Zweifel nicht auf die Schuld selbst bezieht sondern darauf, ob eine (dilatorische oder dauernd rechtshindernde) Einrede gegen die Schuld zusteht.

Bei Zahlung auf eine zweifelhafte, einredebehaftete Schuld oder Naturalobligation ist der Aufwand zur Schuldbefreiung für den Schuldner nicht nützlich (jedenfalls nicht in Höhe des aufgewendeten Forderungsbetrages).

Zur weiterführenden Diskussion in den genannten *nisi*-Fällen: Genügt es für den Aufwandersatz des Drittzahlers mithin nicht, dass dieser den Aufwand für nützlich halten durfte? Aufwandersatz nur dann, wenn er mit dem Einverständnis des Schuldners rechnen durfte vgl D 17, 1, 27, 4)?

Q. Anweisung

D 46, 3, 64 (Paul. 14 ad Plaut.)

Cum iussu meo id, quod mihi debes, solvis creditori meo, et tu a me et ego a creditore meo liberor.

Wenn du auf mein Geheiß hin das, was du mir schuldest, meinem Gläubiger zahlst, wirst sowohl du von mir als auch ich von meinem Gläubiger befreit.

Sachverhalt: beteiligte Personen: Tu, der dem ego schuldet (also: ego = G → S = tu). Ein Dritter, der Gläubiger des ego ist (also: 3 = G → S = ego).

Ego weist seinen Schuldner tu an, an den Dritten, dem ego schuldet, zu zahlen und tu zahlt an den Dritten.

Rechtsfolge: Durch die *eine* Zahlung „tu an Dritten" (= Delegationszahlung) wird tu von seiner Verbindlichkeit gegenüber ego frei und ego von seiner Schuld gegenüber dem Dritten.

Die Begründung für diese doppelte Befreiungswirkung der Delegationszahlung schwankt. Vertreten wird: Zu den die Delegationszahlung (das ist die Zahlung des tu an den Dritten) beinhaltenden zwei Leistungen: Die Zahlung folgt den Kausalverhältnissen (den Verhältnissen, wo der Rechtsgrund liegt, auf den hin gezahlt wird). In der Zahlung des tu an den Dritten liegt eine *datio* (Leistung) des *tu an* den *ego* und weiters eine *datio* des *ego an* den *Dritten.* Tu zahlt auf seine *causa* mit ego (also *causa solvendi* an ego) und der Dritte empfängt auf seine *causa* zu ego (– diese ist ja sein Behaltensgrund; mit tu verbindet ihn nichts). Die *„Durchgangstheorie"* des hochklassischen Juristen Celsus (D 24, 1, 3, 12) denkt das auch auf der sachenrechtlichen Ebene: Die *Zahlung* des *tu an* den *Dritten* wird zerlegt in eine gedachte (fingierte) *traditio causa solvendi des tu an ego,* der für eine *logische,* (dh nicht wahrnehmbare, nur gedachte) *„juristische Sekunde"* Eigentümer der gezahlten *nummi* (Geldstücke) wird und dann das Eigentum an den *nummi* nun von diesem als berechtigten Vormann weiter übertragen wird durch eine gedachte (fingierte) *traditio* (hier wieder: *causa solvendi)* des *ego an* den *Dritten* (daher „Durchgangstheorie", weil das Eigentum am Geld gewissermaßen durch ego hindurch geht und nicht direkt von tu an den Dritten gelangt).

Ferner käme in Frage: Tu ist *Bote* des ego *in der traditio,* die damit von ego kommt. Somit ist die *traditio* mit *der causa* zusammen, die zwischen ego und dem Dritten besteht.

Fall: Ein Ehemann (M) weist seinen Schuldner (S) an, das Geschuldete direkt der Ehefrau (F) des M zu zahlen, der er das Geld schenken will. S zahlt anweisungstreu an die F (angelehnt an Cels. D 24, 1, 3, 12). Wem gehört das gezahlte Geld?

Nach der „Durchgangstheorie" nimmt das Geld folgenden Weg: In der Zahlung S an F steckt eine Zahlung *causa solvendi* S an M und dann (eine juristische Sekunde später) eine Zahlung *causa donandi* M an F. Die Zahlung S an M befreit S von seiner Schuld gegenüber M, der damit durch (fingierte) *traditio ex causa solvendi* vom berechtigten Vormann Eigentümer der Münzen wird. Dann aber geht es nicht weiter, weil die Zahlung auf die Schenkungscausa M an F wegen des Schenkungsverbotes unter Ehegatten nichtig ist[90]). Also bleibt das Eigentum an den Münzen beim Mann „stecken", der sie, solange diese noch abgesondert bei der F sind, mit der *vindicatio nummorum* oder, insbesondere nach *consumptio nummorum* (nach Verbrauch des Geldes) mit der *condictio* (als bereicherungsrechtliche Rückforderungsklage) von der F herausverlangen kann.

[90]) Das Schenkungsverbot macht sowohl die Causaberedung als auch das Verfügungsgeschäft nichtig. Daher wäre auch die abstrakte (vom Vorliegen eines Rechtsgrundes losgelöste) *mancipatio* (wenn es sich um *eine res mancipi* dreht) nichtig.

Fall: Zahlung nach widerrufener Anweisung

Ego wies den tu an, direkt an den Dritten (an den Gläubiger des ego) zu zahlen. Dann, noch ehe tu zahlen konnte, widerrief ego gegenüber tu die Anweisung. Tu ignoriert den Widerruf und zahlt dennoch an den Dritten.

Rechtliche Konsequenzen daraus?

Mit Widerruf der Anweisung zahlte tu an den Falschen (von der Ermächtigung, die in der Anweisung lag, ist er jetzt nicht mehr gedeckt; nur bei anweisungskonformer Zahlung zahlt der Angewiesene an den „Richtigen", das heißt mit schuldbefreiender Wirkung an den genannten Dritten). Somit ist das Forderungsrecht des ego gegen den tu nicht getilgt. Tu müsste also nochmals (nun an ego) zahlen. Aber in der Zahlung an den Gläubiger des ego lag eine auftraglose Drittzahlung, die für ego nützlich war, da sie ihn von seiner Schuld gegenüber seinem Gläubiger befreite. Somit hat tu die Konträrklage aus der GoA auf Ersatz des nützlich gemachten Aufwandes (Aufwandes zur Schuldbefreiung) gegen den ego, die er dessen (intakt gebliebener) Klage aufrechnungsweise entgegenstellt.

Damit wechselt der Fall von einem Rechtsinstitut in ein anderes: Die Anweisung „funktioniert" zwar nicht mehr, doch „geht nun alles" nach der GoA.

Könnte tu auch vom Dritten (Gläubiger des ego) kondizieren? Nein, tu (der zwar selbst dem Dritten nicht schuldete) zahlte ja nicht auf eine Nichtschuld, sondern auf eine fremde Schuld. (Zahlung auf eine fremde Schuld ist nicht Zahlung auf eine Nichtschuld.)

Wie, wenn ego bekundet, er hatte gute Gründe, die Anweisung zu widerrufen, er sei draufgekommen, dass er seinem „Gläubiger" nichts (mehr) schulde?

Dann war die Drittzahlung des tu für den ego nicht nützlich (befreite sie ihn doch von keiner Schuld), womit tu auch nicht die *actio negotiorum gestorum contraria* hat. Aber dann zahlte tu nicht auf eine fremde Schuld, sondern auf eine Nichtschuld, so dass er nun die *condictio* gegen den Dritten hat (irrtümliche Zahlung auf eine fremde vermeintliche Schuld. Dies gilt auch, wenn die Forderung des G durch eine *exceptio* des ego entkräftet wäre, also eine „prätorische Nichtschuld" vorläge).

D 46, 2, 13 (Ulp. 38 ad ed.)

Si non debitorem quasi debitorem delegavero creditori meo, exceptio locum non habebit, sed condictio adversus eum qui delegavit competit.

Wenn ich einen Nichtschuldner als Schuldner meinem Gläubiger angewiesen habe, wird eine Einrede nicht zu Gebote stehen, aber gegen den, der angewiesen hat, steht die condictio zu.

Sachverhalt: Vorüberlegung: Die Beteiligten: ego als Anweisender; der Angewiesene ist *non debitor,* also ein Scheinschuldner. Anweisung zum Zahlen oder Anweisung zum Versprechen? Letzteres, weil sich nur dann die Frage stellt, ob der angewiesene Scheinschuldner gegen die Klage des Anweisungsempfängers eine *exceptio* hat. Somit:

Ego weist einen Scheinschuldner, von dem er meint, er schulde ihm, an, dem Gläubiger des ego die Zahlung (oder sonst eine Leistung), die ego dem G schuldet, zu versprechen. Der Scheinschuldner promittiert dem G. Dann klagt G den Angewiesenen aus der Stipulation.

Entscheidung: Der Scheinschuldner hat keine Einrede gegen die Klage aus der Stipulation, aber die *condictio* gegen den Anweisenden ego.

Erörterung: Welche Einrede strebt der Scheinschuldner an? Die Einrede aus dem mangelnden Deckungsverhältnis zu ego (er schuldet diesem ja nichts); technisch wohl die *exceptio doli,* wobei der *dolus* in der Klageerhebung selbst *(dolus praesens)* liegen soll. Wieso ist die Schuld einredefrei? Die Stipulation war *abstrakt.* Also auch losgelöst davon, dass der Scheinschuldner dem ego nichts schuldete. Somit muss der Scheinschuldner zahlen und zwar *causa solvendi* an G. Diese Zahlung befreit den Angewiesenen zwar von seiner abstrakten Stipulationsschuld, sie verfehlt aber – weil der Scheinschuldner dem *ego* nichts schuldete – ihren Leistungszweck der Erfüllung einer Schuld gegenüber ego. Und im Verhältnis *ego* zu G[91]) wurde *ego* frei. In der einen Zahlung im „Einlösungsverhältnis" (Scheinschuldner an G) lag also eine doppelte Zahlung *(duplex numeratio)*: Zweimal wurde auf die *causa solvendi* gezahlt, nämlich: Scheinschuldner an ego und ego an G. Aber nur die Zahlung „ego an G" befreite (den ego), nicht aber die Zahlung „Scheinschuldner an ego", weil es hier (im Deckungsverhältnis) nichts zu befreien gab. (MaW: Zweimal causa solvendi, aber nur ein Leistungszweck, die Erfüllung der Schuld des Scheinschuldners gegenüber ego wird mangels Schuld verfehlt, die andere Zahlung ego an G ist „in Ordnung".)

Ego wurde von G auf Kosten des Scheinschuldners frei; somit ist ego um die *Befreiung von der Verbindlichkeit* bereichert. Daher *condictio indebiti* des Scheinschuldners gegen ego wegen irrtümlicher Zahlung einer Nichtschuld im Deckungsverhältnis.

[91]) Heute auch Valuta- oder Zuwendungsverhältnis genannt.

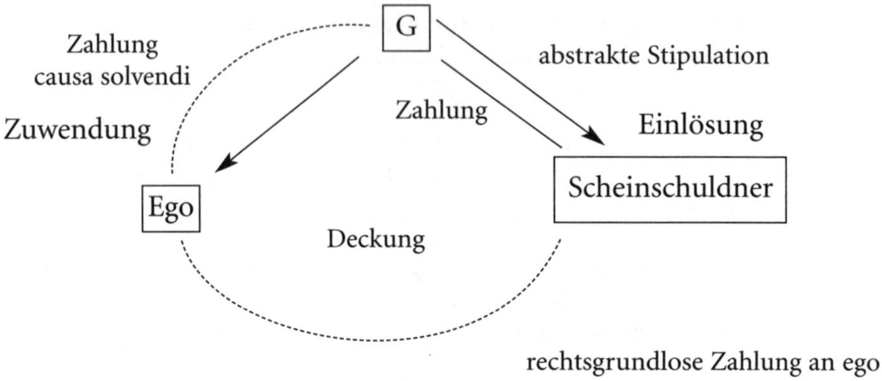
G
Zahlung
causa solvendi
Zuwendung
abstrakte Stipulation
Zahlung
Einlösung
Ego
Scheinschuldner
Deckung
rechtsgrundlose Zahlung an ego

R. Bereicherungsrecht

D 12, 6, 10 (Paul. 7 ad Sab.)

In diem debitor adeo debitor est, ut ante diem solutum repetere non possit.

Wer zu einem bestimmten Termin schuldet, ist so sehr[92]) Schuldner, dass er das vor dem Termin Geleistete nicht zurückverlangen kann.

Sachverhalt: Der Schuldner zahlt vor Fälligkeit, weil er meinte, die Schuld sei bereits fällig.

Problem: Kann er das Gezahlte zurückfordern (um es erst später, bei Fälligkeit zu zahlen – und etwa, um Zwischenzinsen zu lukrieren)?

Welche Klage käme dafür in Frage? Die *condictio indebiti* wegen irrtümlicher Zahlung einer Nichtschuld. Worüber irrte der Schuldner? Über die Fälligkeit. Wieso ist der Sachverhalt so zu ergänzen? (Ohne Annahme eines Irrtums wäre der Fall ganz dürr, weil man dann annehmen müsste, S hätte wissentlich vor Fälligkeit gezahlt, womit der Kondiktionsausschluss klar ist.)

Wieso keine *condictio?* Das Geleistete schuldete er ja, wenngleich noch nicht jetzt. MaW: Der Schuldner zahlte *auf eine Schuld und nicht auf eine Nichtschuld.*

[92]) adeo: betonter so-Begriff: in dem Maße, mit der Maßgabe mit konsekutivem ut.

D 12, 6, 16 pr. (Pomp. 15 ad Sab.)

Sub condicione debitum per errorem solutum pendente quidem condicione repetitur, condicione autem exsistente repeti non potest.

Was unter einer Bedingung geschuldet und aus Irrtum geleistet worden ist, kann während schwebender Bedingung zurückgefordert werden; nach Eintritt der Bedingung aber kann es nicht zurückverlangt werden.

Sachverhalt: Der Schuldner einer bedingten Schuld zahlt vor Bedingungseintritt, weil er meinte, die Bedingung sei eingetreten.

Fortgeführte Variante: Die Bedingung tritt dann ein.

Worüber irrte der Zahlende? Über den Eintritt der Bedingung.

Im Grundsachverhalt zahlt S während der Pendenz. In der Pendenz schuldet S noch nicht. Erst wenn sich die Bedingung erfüllt, schuldet er. Seine Zahlung auf eine – irrtümlich angenommen – nicht mehr schwebende Schuld ist in Wahrheit eine Zahlung auf eine pendente Nichtschuld. Fällt die Bedingung aus[93]), so schuldet er endgültig nichts. Tritt sie ein, so schuldet er nunmehr. Hätte der Zahlende gewusst, dass die Bedingung noch schwebt, so hätte er wissentlich auf eine Nichtschuld gezahlt und die Kondiktion wäre ausgeschlossen. So aber hat er die *condictio indebiti,* weil er irrtümlich auf eine schwebende Nichtschuld zahlte.

Klar ist daher auch die *autem* rell.-Variante: Tritt die Bedingung ein, so wird aus der noch schwebenden Schuld = aus der schwebenden Nichtschuld nun eine Schuld.

Die Stellen sind das historische Vorbild für § 1434 ABGB: Die Zurückstellung des Bezahlten kann auch dann begehrt werden, wenn die Schuldforderung auf was immer für eine Art noch ungewiss ist; oder wenn sie noch von der Erfüllung einer beigesetzten Bedingung abhängt. Die Bezahlung einer richtigen und unbedingten Schuld kann aber deswegen nicht zurückgefordert werden, weil die Zahlungsfrist noch nicht verfallen ist.

Im ersten Satz begegnet D 12, 6, 16 pr., im zweiten D 12, 6, 10.

---

[93]) Eintritt wie Ausfall der Bedingung beenden die Schwebe.

D 12, 6, 24 (Ulp. 46 ad Sab.)

Si is, qui perpetua exceptione tueri se poterat, cum sciret sibi exceptionem profuturam, promiserit aliquid ut liberaretur, condicere non potest.

Wenn der, der sich mit einer dauernd rechtshindernden Einrede schützen konnte, obwohl er wusste, dass ihm die Einrede nützen werde, etwas versprochen hat, damit er befreit werde, so kann er nicht kondizieren.

Was lag vor der *promissio* vor? Eine nicht durchsetzbare Forderung des Gläubigers, für den Schuldner also eine prätorische Nichtschuld. Dann promittierte der Schuldner zwecks Befreiung (nach ius civile schuldete er noch, aber der Prätor hätte gegen die zivile Obligation eine dauernd rechtshindernde Einrede gegeben).

Die Entscheidung „*condicere non potest*" lässt sich von der *condictio liberationis* verstehen[94]), nach einem analogen Muster ganz wie bei der wissentlichen Zahlung einer Nichtschuld: Wer wissentlich auf eine prätorische Nichtschuld zahlt, kann das Gezahlte nicht kondizieren. Und wer promittiert[95]), obwohl er weiß, dass er nichts schuldet, kann nicht mit der *condictio liberationis* die Stipulation wieder aufheben.

Dies ist die wahrscheinlichste Deutungsannahme. Haltbar ist aber auch, die Stelle dann fortgesetzt von der Zahlung zu denken. Zahlte S auf die (klarerweise zweite) novierend wirkende Stipulation, dann kann er das Gezahlte nicht zurückfordern.

Wie wäre es, wenn der Schuldner auf die erste (auf die durch exceptio entkräftete Obligation) gezahlt hätte? Dann könnte er erst recht nicht kondizieren, weil er ja dann wusste, dass er auf eine prätorische Nichtschuld zahlte.

War die zweite Schuld (die Stipulationsschuld zwecks Befreiung von der „zivilen Naturalobligation") klagbar? Mit der Zahlung auf die zweite Schuld entfernt sich der Fall noch weiter vom erwogenen Rückforderungsproblem, weil die zweite Stipulation nicht mehr einredebehaftet ist.

Was war nun genauer mit der Stipulation angestrebt? Die Schaffung eines neuen Schuldgrundes, also die Novation der (einredebehafteten) alten Obligation in eine neue, nun klagbare Obligation? Dann versteht sich der Kondiktionsausschluss umso mehr.

Oder ein Vergleich (was nicht recht zur dauernd rechtshindernden Einrede passt)? Selbst wenn man dies vertritt, was lag dann wegen *cum sciret* rell. jedenfalls *nicht* vor? Ein Vergleichsirrtum. Somit ist auch mit dieser Deutung *condicere non potest* klar.

---

[94]) Mit dieser ist auf Befreiung von der Stipulationsschuld zu klagen

[95]) Und zwar abstrakt.

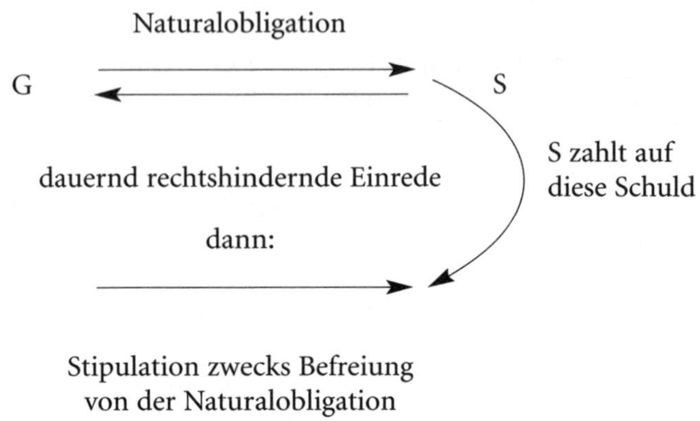
Naturalobligation
G
S
dauernd rechtshindernde Einrede
S zahlt auf
diese Schuld
dann:
Stipulation zwecks Befreiung
von der Naturalobligation

D 12, 1, 32 (Cels. 5 dig.)

Si et me et Titium mutuam pecuniam rogaveris et ego meum debitorem tibi promittere iusserim, tu stipulatus sis, cum putares eum Titii debitorem esse, an mihi obligaris? subsisto, si quidem nullum negotium mecum contraxisti: sed propius est, ut obligari te existimem, non quia pecuniam tibi credidi (hoc enim nisi inter consentientes fieri non potest): sed quia pecunia mea quae ad te pervenit, eam mihi a te reddi bonum et aequum est.

Wenn du sowohl mich als auch den Titius um ein Gelddarlehen gebeten hast und ich meinen Schuldner angewiesen habe, dir zu versprechen und du dir versprechen hast lassen, indem du meintest, dass er der Schuldner des Titius sei, wirst du mir dann verpflichtet? Ich habe Bedenken, weil du mit mir kein Geschäft abgeschlossen hast: sondern näher liegend ist, dass ich meinte, du werdest verpflichtet, nicht weil ich dir Geld kreditiert habe (denn das kann nur unter im Willen Übereinstimmenden geschehen): sondern weil mein Geld zu dir gelangt ist und es gerecht ist, dass es mir von dir zurückgegeben wird.

Die Beteiligten in ihren Rollen: Der tu: er bat sowohl den ego als auch den Titius um ein Darlehen. Dann der Schuldner des ego. Ego wies ihn an zum Versprechen für tu und tu ließ sich vom Schuldner des ego (S) versprechen, wobei tu einem Irrtum aufsitzt: Er hielt S für den Schuldner des Titius.

Problem: Kommt durch die Stipulation zwischen S und tu ein Darlehensvertrag zwischen ego und tu zustande? *Nullum negotium:* kein Rechtsgeschäft: Und zwar *wegen Irrtums über die Person des Vertragspartners (error in persona).* Wann genau unterläuft der Irrtum? Bei der Stipulationsfrage[96])? *(promittisne quod Titio debes?* – wenig wahrscheinlich[97])). Könnte sie nicht auch abstrakt gewesen sein? Aber auch dann irrte tu über den Vertragspartner, weil er meinte, das Anweisungsdarlehen käme von Titius als Anweisendem.

Kam es zur Zahlung S an tu? Erschließbar aus *pecunia mea at te ... pervenit* (Könnte nicht auch bereits die *promissio* des S als novierende Stipulation ihn befreit haben?) Wie ist diese Zahlung nach der Durchgangstheorie zu denken?[98]) S tradiert *causa solvendi* die *nummi* an ego, – die Zahlung wirkt somit (im Deckungsverhältnis) schuldbefreiend für S – und dann (nach einer logischen Sekunde) ego an tu, wobei aber *zwischen diesen* die *causa credendi* nicht wirksam beredet wurde. Somit ist diese Leistung (im Valuta- oder Zuwendungsverhältnis) rechtsgrundlos und berechtigt den ego zur *condictio indebiti* (oder dieselbe *condictio* wie in D 12, 1, 23?) von tu.

---

[96]) So *Kaser,* Durchgangserwerb in: Römische Rechtsquellen und angewandte Juristenmethode (1986) 279.

[97]) Davon abgerückt ist *Kaser,* Durchgangserwerb, in Labeo 26 (1980) 50.

[98]) Und wie nach der „Botenkonstruktion“? Tu hielt S für einen Erklärungsboten des Titius: So *Harke,* Argumenta Iuventiana (Berlin 1999) 138.

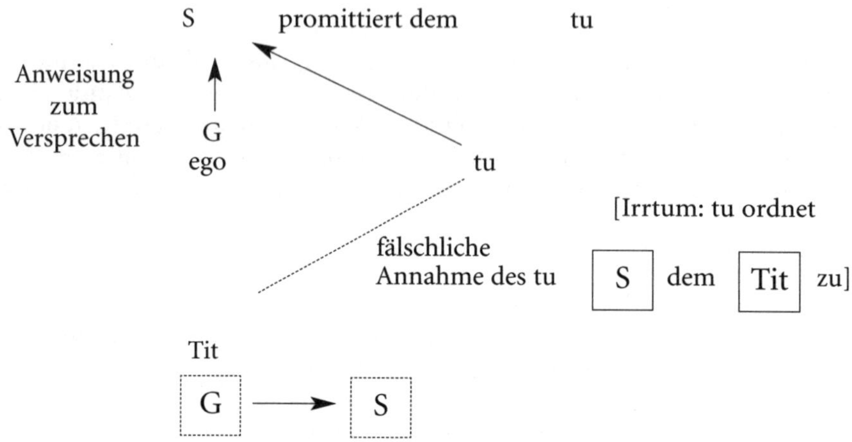
S
promittiert dem
tu
Anweisung zum Versprechen
G
ego
tu
[Irrtum: tu ordnet
fälschliche Annahme des tu
S
dem
Tit
zu]
Tit
G
S

Leistungsrichtung und Genehmigung* Zuwendung der Bereicherung durch ratihabitio:

Fall: (nachgeformt D 12, 4, 14)

Der Scheinschuldner zahlt an den Scheinvertreter und der Scheingläubiger genehmigt.

Dann steht die condictio indebiti des zahlenden Nichtschuldners nur noch gegen den Genehmigenden zu: D 12, 4, 14.

Ähnlich Pap. D 47, 2, 81, 5 (12 quaest.): Nicht autorisiertes *Inkasso durch den bösgläubigen Scheinvertreter* einer vermeintlichen Forderung *vom Scheinschuldner und der Scheingläubiger genehmigt.* Stellt der Scheinschuldner die condictio indebiti gegen den Genehmigenden an, so ist ihm die condictio furtiva abzutreten, da dieser eines Deckungsanspruchs gegen den Scheinvertreter, bei dem sich das Geld befindet, bedarf. (Somit entsteht eine *zufällige Schuldnergemeinschaft:* adversus Titium erit indebiti condictio, adversus falsum procuratorem furtiva durabit).[99])

Gleich auch Ulp. D 3, 5, 5, 11 (10 ad ed.): Der Scheinvertreter mahnt den Scheinschuldner, der an den falsus zahlt und der Scheingläubiger genehmigt.

---

99) *Hans Hermann Seiler,* Der Tatbestand der negotiorum gestio im römischen Recht (Köln/Graz, 1968) 64 f.

Keine Erfüllung bei Zahlung mit fremdem Geld*
Zurückbehaltungsrecht bei Zahlung mit fremdem Geld

D 46, 3, 94 pr. (Pap. 8 quaest.)

Si is, cui nummos debitor solvit alienos, nummis integris pergat petere quod sibi debeatur, nec offerat quod accepit, exceptione doli summovebitur.

Wenn derjenige, dem der Schuldner fremdes Geld gezahlt hat, fortfährt einzuklagen, was ihm geschuldet wird, obgleich das Geld noch vorhanden ist und nicht anbietet, was er erhalten hat, wird er mit der *exceptio doli* abgewiesen.

Sachverhalt: Der Schuldner zahlt mit fremden Münzen. Daraufhin stellt der Gläubiger die Zahlungsklage an.

Entscheidung: Solange der Gläubiger das Gezahlte seinem Schuldner nicht zurückzahlt, ist seine Klage mit der *exceptio doli* blockiert.

Erörterung: Die (auch gutgläubige) Zahlung mit fremdem Geld hat keine Tilgungswirkung. Gegen die aufrecht gebliebene Zahlungsklage des Gläubigers hat der Schuldner das Zurückbehaltungsrecht bis zur Rückgabe der gezahlten fremden Münzen (Leistungsverweigerungsrecht: Solange der Gläubiger nicht die fremden Münzen an den Schuldner zurückzahlt, muss der Schuldner auch nicht nun mit eigenem Geld zahlen.).

Freilich fiele mit Herausgabe der Münzen an den Eigentümer die *retentio* weg.[100])

---

[100]) *Andreas Wacke,* Zur Aktiv- und Passivlegitimation des gutgläubigen Sklavenbesitzers, FS Seidel (Köln 1975) 202 Anm. 85.

S. Obligationes ex delicto

1. Sachbeschädigung

D 9, 2, 46 (Ulp. 50 ad Sab.)

Si vulnerato servo lege Aquilia actum sit, postea mortuo ex eo vulnere agi lege Aquilia nihilo minus potest.

Wenn nach Verletzung des Sklaven nach der lex Aquilia geklagt worden ist und er später aus dieser Wunde gestorben ist, so kann dennoch nach der lex Aquilia geklagt werden.

Zusammen mit

D 9, 2, 47 (Iul. 86 dig.)

Sed si priore iudicio aestimatione facta, postea mortuo servo, de occiso agere dominus instituerit, exceptione doli mali opposita compelletur, ut ex utroque iudicio nihil amplius consequatur, quam consequi deberet, si initio de occiso homine egisset.

Aber wenn im ersten Verfahren der Schaden geschätzt wurde, später der Sklave stirbt und der Eigentümer wegen der Tötung klagt, so wird ihm die *exceptio doli* entgegengestellt und er so gezwungen, dass er aus beiden Urteilen nicht mehr erlangt, als er erlangen dürfte, wenn er von Anfang an wegen Tötung des Sklaven geklagt hätte.

Beide Male die zwei Akte des Geschehens: Zuerst Verletzung des fremden Sklaven; der Eigentümer klagte auf Ersatz des Verletzungsschadens. Dann stirbt der Sklave an dieser Verletzung. Der Geschädigte klagt erneut, nun wegen des Tötungsschadens.

Das Problem lautet, auf einem abstrakteren Niveau gesagt: Wie konkurrieren der Schadenersatz aus dem 3. und aus dem 1. Kapitel der lex Aquilia?

Eine schädigende Handlung war schadensursächlich für zwei schädigende Erfolge, den (mit der Klage aus dem 3. Kapitel bereits liquidierten) Verletzungsschaden und den Tötungsschaden. Somit lag letztlich eine zeitlich gestreckte Schadensverwirklichung des Tötungsschadens vor, oder wenn man dies lieber will, durch den (verletzungskausalen) Tod des Sklaven nur eine Schadensvergrößerung. Daher gibt Julian die Klage aus dem 1. Kapitel, nachdem Schadenersatz aus dem 3. Kapitel (und zwar entweder die konkreten Heilungskosten[101]) oder die objektive Wertminderung infolge der Verletzung) bereits erstritten wurde, nur noch auf die Differenz zur aquilischen Höchstwertberechnung nach dem 1. Kapitel[102]), mithin als Nachforderungsklage auf restlichen Schadenersatz. Somit

---

101) Hier ein letztlich fehlgeschlagener (frustrierter) Heilungsaufwand.

102) Dh Wertansatz nach dem Höchstwert, den der Sklave im Jahr vor der Schädigung hatte.

besteht eine *verrechnende Konkurrenz* zwischen Schadenersatz aus 3. und 1. Kapitel (das ist keine elektive Konkurrenz, weil die Nachforderung auf die Differenz zugebilligt wird – bei elektiver Konkurrenz wäre ein weiterer Schadenersatzanspruch abgeschnitten). Kumulativ würden beide Ansprüche nur konkurrieren, wenn zwei schädigende Handlungen kausal wurden, von denen die eine die Verletzung, die andere die Tötung verursacht hätte, vgl D 9, 2, 32, 1.

Wollte der Geschädigte den Schadenersatz aus dem 1. Kapitel ungehemmt häufen, so würde er mit der *exceptio doli* (nämlich *dolus praesens:* der *dolus* liegt in der Klageerhebung selbst) zurückgeschlagen, um eine Überbefriedigung des Klägers zu verhindern[103]). Dagegen ist die Klage nur noch auf die Differenz nicht dolos.

[103]) So auch heute bei Sachbeschädigung, etwa bei Totalschaden aus Verkehrsunfall: Der Ersatz des Reparaturaufwandes bzw der technischen Wertminderung ist (im Wesentlichen) mit dem Zeitwert der Sache begrenzt; dh: auch wenn die Reparatur teurer käme, ist auf Totalschadensbasis abzurechnen.

Fall, entnommen aus D 9, 2, 51 pr.: Schädiger S_1 verletzt den Sklaven des E mit absehbarer Todesfolge. Noch ehe der Sklave stirbt, setzt ihn ein Erblasser zum Erben ein. Dann tötet der Schädiger S_2 den Sklaven (Ita vulneratus est servus, ut eo ictu certum esset moriturum: medio deinde tempore heres institutus est et postea ab alio decessit: quaero, an cum utroque de occiso lege Aquilia agi possit. ... Der Sklave ist so [schwer] verletzt worden, dass es sicher war, er werde an diesem Schlag sterben: in der Zwischenzeit ist er zum Erben eingesetzt und später von einem anderen umgebracht worden: ich frage, ob gegen beide wegen Tötung geklagt werden kann?)

Welche Kausalitätsprobleme stellen sich? Zunächst die überholende Kausalität: Die Tötung durch S_2 hat den durch S_1 in Gang gesetzten Kausalverlauf „abgebrochen".

Dann die Erbeinsetzung, durch die der Sklave „wertvoller" wird: Der Herr erwirbt durch seinen Sklaven die Erbschaft, genauer: die Erbenberufung fällt mit Tod des Erblassers dem Sklaven an; dieser, nicht sein Herr, ist der Delat (= der Berufene); die Delation selbst wird nicht auf den Herrn übergeleitet, sondern nur der Erwerb daraus (wenn der Herr seinem Sklaven das iussum zum Erbantritt erteilt). Tötete S_2 den eingesetzten Sklaven noch ehe er die Erbschaft antrat, so war die Tötung durch S_2 auch schadenskausal für den Entgang der Erbschaft (Schadenspositionen also nun: Wert des Sklaven + Wert der Erbschaft). Die Haftung des S_2 dafür ist klar. (Wäre ein Einwand gegen den Schadensposten „Wert der Erbschaft" allenfalls denkbar? Ein Kausalitätsgegenbeweis, wenn S_2 dartun könnte, dass der Sklave wegen natürlichen Todes den Tod des Erblassers – und damit den Erbanfall – ohnehin nicht mehr erlebt hätte? Das wäre wohl nur in einem abstrusen Fall vorstellbar, etwa wenn ein 20-jähriger Erblasser einen 80-jährigen Sklaven zum Erben einsetzt.)

Haftet S_1 nur für den Verletzungserfolg – und dann in doppelter Konkurrenz (Personen- und Klagenkonkurrenz), nämlich in verrechnender Konkurrenz mit der Klage aus dem 1. Kapitel[104]) gegen S_2 – oder (solidarisch mit S_2) auch für den hypothetisch verursachten Todeserfolg (wenn der Kausalverlauf nicht abgebrochen worden wäre)? Und auch für den Entfall des Erbschaftserwerbs? Auch für diesen Schadensposten stellt sich das Problem der überholenden Kausalität nochmals. Wann kommt diesen Fragen aus wirtschaftlicher Sicht Bedeutung zu? Wenn S_2 insolvent ist.

[104]) Siehe vorhin D 9, 2, 47.

Fall, nachgeformt D 9, 2, 28 pr.: A und B heben Gräben zum Tierfang an einem Weg aus. C gerät mit seinem Fahrzeug in die Grube, wodurch es erheblich beschädigt wird. (Qui foveas ursorum cervorumque capiendorum causa faciunt, si in itineribus fecerunt eoque aliquid decidit factumque deterius est, lege Aquilia obligati sunt: at si in aliis locis, ubi fieri solent, fecerunt, nihil tenentur. Jene, die Gräben zum Bären- und Hirschfang angelegt haben, haften nach der lex Aquilia, wenn sie die Gruben auf Wegen ausgehoben haben und etwas dort hineinfiel und beschädigt wurde: Indes haften sie nicht, wenn sie diese an anderen Stellen angelegt haben, wo dies üblich ist.)

A und B haften solidarisch als Mittäter, weil sie eine Gefahrenquelle geschaffen haben. Dies begründet die Rechtswidrigkeit bzw genauer: die *iniuria:* rechtswidrig und schuldhaftes Verhalten. Heute spricht man von Ingerenzprinzip bzw „verpflichtender Vorhandlung": Wer eine Gefahrenquelle eröffnet (= vorausgehendes eigenes Verhalten), ist zu entsprechenden Sicherungsmaßnahmen verpflichtet (maW: ihn treffen Verkehrssicherungspflichten). Im Fortgang der Stelle entfällt diese Verpflichtung, weil man an den Orten, wo Fallenstellen üblich ist, mit der Gefahrenlage, die von Fallen ausgeht, rechnen muss.

2. Furtum

D 47, 2, 44 pr. (Pomp. 19 Sab.)

Si iussu debitoris ab alio falsus procurator creditoris accepit, debitori iste tenetur furti et nummi debitoris erunt.

Überlegungen zur Übersetzung: Was heißt *iussu debitoris?* Anweisung des (von Seiten des) Schuldners, also genetivus subjectivus oder Anweisung an den Schuldner, also genetivus objectivus? Und wohin gehört *ab alio* (von einem anderen)? Zu *iussu* oder zu *accepit?* Ziehen wir *ab alio* zu *iussu* und verstehen wir *debitoris* als objectivus, also: wenn auf Anweisung an den Schuldner seitens eines anderen (sc Schuldners): Dann sind die Beteiligten in ihren Rollen: ein Schuldner S_1, der von einem anderen Schuldner S_2 angewiesen wird. Mithin S_1 schuldet dem S_2, der also Gläubiger des angewiesenen S_1 ist und der anweisende S_2, der einem anderen Gläubiger G_2 schuldet. Dann der *falsus procurator creditoris* (die drei Worte sind als Sinneinheit zu empfinden); falsus ist knapp, aber präzise in Bezug auf den Gläubiger: Er ist nicht autorisierter Stellvertreter des G_2 sondern Scheinvertreter: der falsus gibt sich als Vertreter des G_2 aus[105]). Wem gegenüber steht nicht da (gegenüber dem anweisenden S_2 oder gegenüber dem an ihn zahlenden S_1?).

Sohin die Übersetzung:

Wenn auf Anweisung an den Schuldner seitens eines anderen (sc Schuldners) der falsus procurator des Gläubigers (sc. die Zahlung) empfangen hat, haftet dieser dem Schuldner wegen Diebstahls, und die Münzen werden Eigentum des Schuldners.

Sachverhalt: Der Schuldner einer Geldschuld (S_2) weist seinen Schuldner (S1) zur Zahlung an einen bösgläubigen Scheinvertreter an und S_1 zahlt an ihn.

Entscheidung: Mit der Zahlung hat S_2, also der Anweisende, die *actio furti* gegen den Scheinvertreter und das gezahlte Geld wird Eigentum des S_2 werden (Futur *erunt).* Wieso ist mit *debitor* im Schlussteil der S_2 gemeint und nicht der S_1? Die *actio furti* könnte auch zu S_1 passen, aber *nummi debitoris erunt* passt nur zu S_2.

Damit ist zu begründen:

a) Weshalb S_2 das Diebstahlsrisiko trägt? Aktivlegitimiert zur *actio furti* ist, *cuius interest rem salvam fore* (Gai. 3, 203). Was ist hier die *res?* Das Geld? Oder das Forderungsrecht des S_2 gegen S_1? Dann wäre die *res salva* das intakte Forderungsrecht, also die *actio,* mit der S_2 gegen S_1 die Zahlung durchsetzen kann. Nach anweisungstreuer Zahlung des S_1 an den *falsus* wäre aber das Forderungsrecht des S_2 erloschen. Die gutgläubige Zahlung an den (von S_2 genannten) Dritten hatte schuldbefreiende Wirkung, genauer: S_2 kann von S_1 nicht mehr Zahlung, sondern nur noch die Abtretung der Klagen, die S_1 gegen den Scheinvertreter hat, verlangen. Sohin: S_2 hat die *actio furti* gegen den *falsus,* weil er

---

105) Wie ist dieser Fall noch denkbar? Fall der erloschenen Vollmacht und der falsus wusste dies.

die *actio* gegen S_1 einbüßte. Damit ist der Fall von der anweisungskonformen Zahlung zu denken. Somit ist der Sachverhalt so zu ergänzen, dass S_2 der Getäuschte ist (und nicht der S_1). Wäre nur der Angewiesene (S_1) getäuscht, so wäre seine Zahlung an den *falsus* nicht anweisungskonform[106]), sodass S_1 an seinen Gläubiger S_2 zahlen müsste und das Verfolgungsrisiko gegen den Dieb trägt, mithin S_1 die *actio furti* hätte.

b) Wieso S_2 Eigentümer des gezahlten Geldes wird, näherhin wieso das Futur *erunt?* Blieb S_2 also zunächst noch Eigentümer der *nummi* (der gezahlten Münzen)?

Mit der Abtretungslösung könnte beides klar sein: S_2 hat als Gläubiger des S_1 (mit dessen gutgläubiger anweisungstreuen Zahlung an den Dritten) zwar seinen Zahlungsanspruch gegen S_1 eingebüßt, aber eine (dennoch denkbare) Zahlungsklage gegen S_1 wäre nur dann abzuweisen, wenn S_1 bereit ist, die ihm verbliebenen Klagen gegen den *falsus*, mithin die *vindicatio nummorum* (oder *condictio furtiva)* seinem Gläubiger abzutreten. Damit erlangt S_2 *aus abgetretener actio* das Geld, was das *erunt* erklären würde und dazu passte, dass S_2 das Diebstahls- und Verfolgungsrisiko trägt.

Was könnte diese Deutung noch wahrscheinlich machen? Der Aufbau des Fragments, wo zuerst gesagt wird, dass der Gläubiger die *actio furti* hat und dann, was mit dem Eigentum am Geld geschieht. Dann liegt die Pointe darin, dass der Gläubiger die Diebstahlsklage hat, obwohl er noch nicht Eigentümer der Münzen ist. Die Entscheidung erklärt sich aus der Einwirkung des Betrugsfurtum auf die *actio* des S_2: Zunächst ist der *actio* im Ergebnis der Zahlungsanspruch genommen (oder maW, der Gläubiger hat seinen Schuldner de facto als Zahlungsschuldner verloren, aber als „Abtretungsschuldner" behalten), wobei den Vermögensschaden durch das Sich-Vergreifen am Geld[107]) *der Gläubiger* erlitten hat und nicht der Schuldner, muss doch dieser nicht nochmals zahlen. Der zweite Teil der Entscheidung setzt diesen Gedanken fort: Da S_1 die Vindikation auf das gezahlte Geld abtreten muss, erlangt S_2 Eigentum am Geld *(pecuniam debitoris nomine vindicando consequetur* wie in Iul D 24, 1, 39. Darin liegt noch die Nuance: Die *actio* des S_2 bleibt [wenngleich entwertet durch die zu erwartende Klagsabtretung] insoweit noch gegen S_1 wirksam, als sich mit ihr mittelbar Druck ausüben lässt, dass S_2 die Stellung eines *procurator in rem suam* für die *vindicatio nummorum* erlangt und er auch noch während des Vindikationsprozesses gegen einen Widerruf der Prozessvollmacht geschützt ist. S_2 hat also ein bereits sicheres Recht auf die *nummi).*

Was käme noch in Betracht? Die Durchgangstheorie? So die herrschende Interpretation. Dann würde S_2 sofort mit Zahlung des S_1 an den *falsus* Eigentum am Geld erlangt haben (das daraufhin bei S_2 wegen des Betrugsfurtum des *falsus* „stecken blieb"). S_2 ist also schon Eigentümer und muss es nicht erst werden. Dazu passt freilich *nummi debitoris erunt* sprachlich schlecht.

---

[106]) Begründung: Denn dann zahlt S1 ja nicht an den ihm von S2 Genannten, sondern der bösgläubige Inkassant hat lediglich dem Angewiesenen seine Berechtigung zum Zahlungsempfang vorgespiegelt, sodass S1 an den „Falschen" gezahlt hätte. Anweisungstreu zahlt er, wenn er an den „Richtigen" zahlt und das ist der „Genannte".

[107]) Die *fraudulosa contrectatio.*

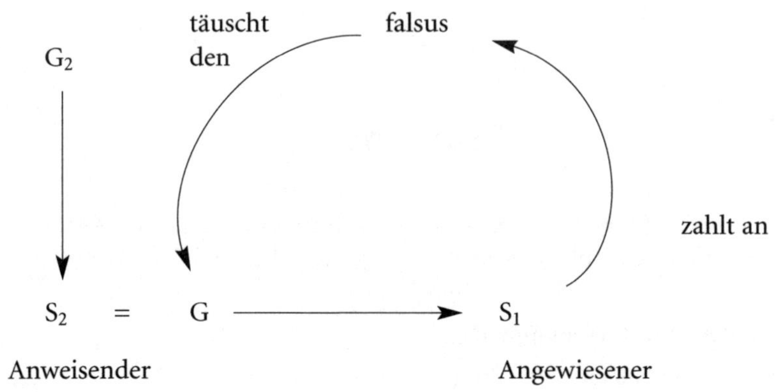
täuscht
den
falsus
G_2
zahlt an
S_2 = G
S_1
Anweisender
Angewiesener

Erbrecht

Fall: Ein Teilerbe H_1 (etwa Erbquote ½) hielt sich irrtümlich für den Alleinerben und zahlte die ganze Schuld des Erblassers. Dann schlägt der Miterbe H_2 (Erbquote ½) seinen Erbteil aus.

Rechtslage in den einzelnen Etappen?

Erste Etappe des Geschehens: H_1 zahlt (als Universalsukzessor zu ½ erbte er die erblasserischen Schulden zu ½) zu ½ auf eine Schuld und zu ½ auf eine Nichtschuld (oder: auf eine fremde Schuld? Wessen Schuld wäre die ½ vor Erbantritt des H_2?). Daher könnte er ½ des Gezahlten vom Gläubiger mit der *condictio indebiti* kondizieren. Könnte er auch gegen H_2 vorgehen? Solange H_2 nicht angetreten hatte, wirkte die Zahlung des H_1 nicht schuldbefreiend für seinen Miterben (der ja erst mit Erbgang nach dem Erblasser für ½ der Schulden haften würde). Daher keine Konträrklage aus GoA gegen H_2.

Dann schlägt H_2 aus. Damit wächst der ½ Erbteil des H_2 nun dem H_1 an.

Wie, wenn H_1 dennoch ½ als *indebitum* Gezahltes kondizieren will? Dann steht ihm, weil er nach Akkreszenz für die ganze Schuld haftete, die *exceptio doli* entgegen.

Der Fall ist der Pomponius-Stelle entnommen:

D 46, 3, 25 (Pomp. 31 ad Sab.)

Ex parte heres institutus si decem, quae defunctus promiserat, tota solvit, pro parte quidem qua heres est liberabitur, pro parte autem reliqua ea condicet. sed si antequam condicat, ei adcreverit reliqua pars hereditatis, etiam pro ea parte erit obligatus et ideo condicenti indebitum doli mali exceptionem obstare existimo.

Wenn der zum Teilerben Eingesetzte die ganzen zehn, die der Erblasser (in Stipulationsform) versprochen hatte, gezahlt hat, so wird er zu dem Teil, zu dem er Erbe ist, frei, im Umfang des übrigen Teils aber wird er kondizieren. Wenn ihm aber, bevor er kondiziert, der übrige Teil der Erbschaft angewachsen ist, so wird er auch für diesen Teil verpflichtet und daher meine ich, dass dem die Nichtschuld Kondizierenden die *exceptio doli* entgegensteht.

Fall: Der Erblasser verfügt letztwillig: „Den H setze ich zu meinem Erben ein. Falls H nicht erbt, soll der S erben. Falls S zum Zug kommt, soll der L mein Grundstück haben. Dich L bitte ich, gib das Grundstück nach zehn Jahren dem H heraus".

Folge für die Alternativen: H tritt an / H schlägt aus?

Tritt H an, so sind alle weiteren Verfügungen hinfällig; er ist ja nicht oneriert (beschwert). Schlägt er aus, so tritt die Substitutionsbedingung für den Ersatzerben (S) ein. Der Substitut (S) ist vermächtnisbelastet zugunsten des Vermächtnisnehmers L, der wiederum fideikommissbeschwert zugunsten des ausgefallenen Instituten (H) ist. Ist das Legat bedingt? Ja, durch die Substitutionsbedingung; diese schlägt auf das Legat und mittelbar auch auf das Fideikommiss durch. Wie ist die Ersatzerbschaft zu konstruieren? Als eine neue (durch den Ausfall des Instituten aufschiebend) bedingt nachrückende Delation für den Substituten. Wer kann fideikommissbeschwert sein? Jeder, der etwas aus dem Nachlass erlangt (also auch der Legatar oder wiederum ein Fideikommissar selbst). Wie könnte der Legatar seiner Restitutionsverpflichtung entgehen? Indem er das Legat ausschlägt.

A. „Rückfideikommiss"

D 35, 2, 29 (Paul. 2 fideicomm.)

Si a me tibi fideicommissum vel legatum est tuque id post tempus rogatus sis mihi restituere, non puto hoc imputandum esse in Falcidiam, quia incipio postea quasi fideicommissarius id recipere.

Wenn zu meinen Lasten dir ein Fideikommiss oder Legat zugedacht ist und du gebeten bist, es mir nach einer Zeit zu restituieren, so meine ich nicht, dass dieses in die Falcidia einzurechnen ist, weil ich es später als Fideikommissar zu empfangen anfange.

Wer ist der „ego"? Der Erbe. Sonst würde die Alternative „*vel legatum*" nicht passen: mit einem Legat belastet (oneriert) kann nur ein Testamentserbe sein. „Tu", der Fideikommissar oder Legatar, ist seinerseits mit dem Fideikommiss zugunsten des Erben belastet: Er soll die ihm vermachte oder aus dem Fideikommiss erlangte Sache an den Erben zurück restituieren. Dann empfängt der Erbe die Sache vom Fideikommissar bzw Legatar aus dem Singulartitel (aus der Fideikommisscausa) zurück und ist damit Singularsukzessor. Da nur *iure hereditario* (aus dem Erbrechtstitel) Erlangtes in die Quart einzurechnen ist, ist das Rückfideikommiss nicht in den ¼-Abzug einzurechnen.

Was lag also vor? Eine fideikommissarische Substitution beim Vermächtnis. Tu ist Vorlegatar, ego Nachvermächtnisnehmer, bzw der Form nach richtiger: Fideikommissar nach dem Legatar. (Wann kann eine solche Anordnung sinnvoll sein? Etwa wenn der Erbe zwischenzeitig nicht mit der Verwaltung des Vermögens belastet sein soll. Beispiel: Der Großvater setzt den Enkel zum Erben ein, bedenkt den Vater als Vorlegatar, der nach einer gewissen Zeit an den Enkel zurück restituieren soll).

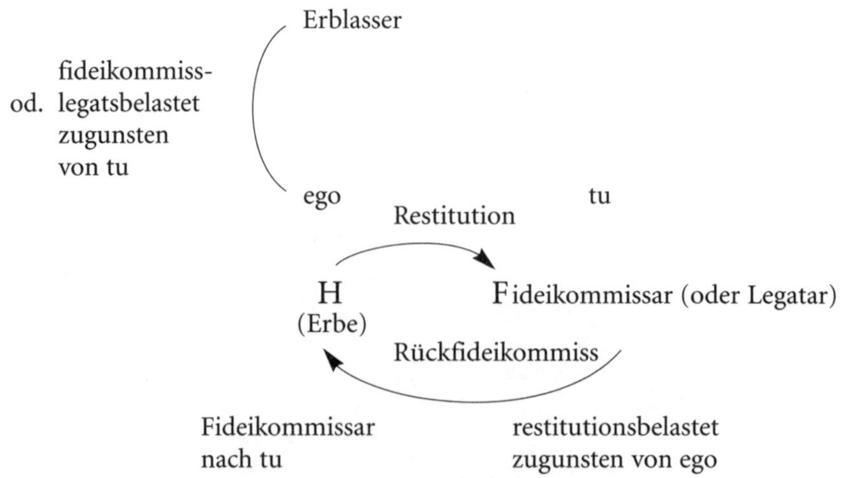

Fall: Der Erblasser testiert: „H_1 und H_2 setze ich gleichteilig zu Miterben ein. Dem L_1 und dem L_2 vermache ich mein Grundstück".

Nach dem Tod des Erblassers und noch ehe H_2 antreten konnte, kommen H_2 und L_2 ums Leben. Wem gehört das Grundstück?

Das Grundstücksvermächtnis war beiden Kollegataren (Mitvermächtnisnehmern) bereits angefallen (der *dies cedens,* der Anfallstag, das ist idR der Tod des Erblassers, also bereits da). Damit entstand für L_1 und L_2 eine (vererbliche) Anwartschaft auf Erwerb des Grundstücks. Erworben hätten sie das Grundstück aber erst, wenn die Erben die Erbschaft antreten, weil es erst dann Vermächtnisbeschwerte (Onerierte) gibt. Die Abfolge wäre dann gewesen: H_1 und H_2 treten an. Jetzt ist der *dies veniens* da. Damit kommt es bei einem Vindikationslegat zugunsten von L_1 und L_2 zum Vonselbsterwerb derivativ (abgeleitet) vom Erblasser her mit dem die *causa legati* besteht (L_1 und L_2 sind also Singularsukzessoren aus dem Legatsrechtstitel nach dem Erblasser, *dieser* – und nicht der Erbe – ist ihr Vormann), womit das Grundstück im Miteigentum zwischen L_1 und L_2 stünde.

So aber: Das Legat fiel an (es deferierte) und zwar *jedem* das *ganze* Vermächtnis. Nur weil *beide* um das ganze Legat *konkurrierten,* entstanden für ihre Vermächtnisberufungen Bruchteile: L_1 war auf ½ berufen, L_2 auf ½. Hinter dieser Berufung (Delation) auf ½ steht aber in Wahrheit die Berufung auf das *ganze* Vermächtnis, die nur durch das Zusammentreffen der konkurrierenden Mitberechtigungen am ganzen Legat eingeschränkt war auf ½. Fällt also ein Konkurrierender weg, so dehnt sich die zuvor durch den Mitberechtigten eingeschränkte Delation aus. Der verlassene Teil wächst dem Kollegatar an (Akkreszenz oder Anwachsung).

Und wenn L_2 Erben hatte?

Wird L_2 beerbt, so befand sich die ihm angefallene ½ Legatsdelation als vererbliche Anwartschaft im Nachlass nach L_2, die auf seine Erben (Gesamtrechtsnachfolger nach L_2) übergeleitet wird *(transmissio legati).* Die Erben nach L_2, die Transmissare, erwerben also aus derselben Vermächtnisberufung, die dem L_2, dem Transmittenten, anfiel. Somit ist die ½ Vermächtnisberufung des L_2 nicht weggefallen, sondern auf seine Erben übergeleitet, womit das Grundstück im ½ Miteigentum zwischen L_1 und den Erben nach L_2 (den Transmissaren) steht.

Fall: Der Erblasser verfügt letztwillig: H_1, H_2 und H_3 setze ich zu meinen Erben ein. Dich, H_2 bitte ich, gib deinen Erbteil nach drei Jahren dem H_3 heraus. H_2 schlägt seinen Erbteil aus. Rechtslage?

Was liegt in der Bitte? Ein Fideikommiss, mit dem der H_2 restitutionsbelastet ist zugunsten des H_3. Kurz: H_3 ist fideikommissarischer Substitut nach H_2. (Das heißt: H_3 soll hinsichtlich des ⅓ Erbteils des H_2 *nach diesem* zum Zug kommen).

Da H_2 ausschlug, wäre auch das Fideikommiss hinfällig (weil es keinen damit Beschwerten gibt), doch wird man umdeuten: Wenn der Erblasser wollte, dass H_3 *nach* H_2 zum Zug kommen soll, so wollte er gewiss auch, dass H_3 sogleich *anstelle* von H_2 zum Zug kommt, wenn H_2 nicht erbt. Technisch heißt das: in der fideikommissarischen Substitution liegt auch eine gewöhnliche Substitution (Vulgarsubstitution). Oder wenn man dies lieber will: in der Nacherbschaft liegt im Zweifel auch eine Ersatzerbschaft. (So auch heute § 608 ABGB).

Damit kommt das ⅓ des H_2 aus der Substitution an H_3, der somit gesamt ⅔ erbt. Wozu kommt es also hinsichtlich des ⅓ des H_2 *nicht?* Zur Anwachsung (womit je ⅙ den Portionen des H_1 und H_3 anwüchse, mithin jeder ½ hätte). Die Substitution geht der Anwachsung vor (Gai. 2, 174–178).

Wie ist die Anwachsung zu sehen?

Ausgangspunkt ist, dass mehrere auf Dasselbe berufen sind. Aus der Konkurrenz um das Ganze bilden sich Teile der Berufung: *partes concursu fiunt*[108]). Beispiel: H_1 und H_2 sind Miterben. Jeder ist damit auf den ganzen Nachlass berufen. Ihre Erbrechtsberufung (Erbendelation) ist also in Wahrheit 1 und nur, weil sie auf das Ganze konkurrieren, entstehen die Bruchteile, wonach dem H_1 die ½ Erbschaft und dem H_2 die ½ Erbschaft geteilt anfällt, hinter der aber bei beiden die Berufung auf das Ganze steht, die nur durch das Zusammentreffen konkurrierender Berufungen auf ½ eingeschränkt ist. Fällt ein Miterbe, zB H_1, aus (etwa durch Ausschlagen, Vorversterben, Erbunfähigkeit), so ändert sich für H_2 die *partes concursu fieri*-Situation, sodass sich die davor durch das Zusammentreffen mit H_1 auf ½ eingeschränkte Berufung nun ausdehnt auf 1.

Sind drei Erben, H_1, H_2 und H_3 berufen und fällt H_3 aus, so dehnt sich die zuvor bei jedem auf ⅓ eingeschränkte Delation bei H_1 und H_2 gleichteilig in das verlassene ⅓ des H_3 hinein aus. Den Anwachsungsbruchteil erwerben sie sohin *aus derselben* „ursprünglichen", nun um ⅙ auf ½ *ausgeweiteten Berufung* (und nicht aus einer neuen Berufung oder etwa gar aus einer Nachfolge nach dem Ausgefallenen).

Kurz: Die Akkreszenz ist eine Delationsausdehnung durch Änderung der *partes concursu fieri*-Situation (nunmehr anders oder nicht mehr konkurrierender Berufungen).

Was ist eine Transmission? (Vererbung der Anwartschaft des Berufenen auf seine Erben.)

[108]) Die Teile entstehen durch das Zusammentreffen.

Sie ist eine übergeleitete Berufung. Oder maW: Die Transmission ist eine Translation der Delation. Es rückt also *keine neue Delation* nach (wie bei der Substitution), sondern *dieselbe Berufung* wird übergeleitet[109]).

Anerkannt ist die *transmissio legati:* Die Legatsdelation ist wirksam angefallen (deferiert); sie ist damit vererblich. Stirbt der berufene Legatar (Transmittent) vor Legatserwerb (vor Erbantritt), so wird seine Delation übergeleitet auf seine Erben (auf die Transmissare). Die Transmissare erwerben das Legat also abgeleitet aus dem Legatsrechtstitel vom *ersten* Erblasser her, weil sie ja nur die bestehende, auf sie bloß übergeleitete Delation des Transmittenten ausnutzen.

Im klassischen Recht nicht anerkannt ist die Transmission beim Erbrecht. Begründung: Die Erbeinsetzung ist höchstpersönlich. (Somit keine Vererbung des Erbrechts.)

Wie ist die gemeine Substitution (Ersatzerbschaft) konstruiert? Sie ist eine durch das Ausfallen des Instituten bedingte Erbeinsetzung: Fällt der Institut aus, so rückt dem Substituten eine neue Delation nach. Sie ist also eine sukzessive Delation und keine Sukzession in die Delation.

Ganz gleich ist die Substitution beim Legat aufzufassen.

Die Transmission schließt die Akkreszenz aus. Wieso? Es kommt auf den Erblasserwillen an. In der Regel wird die Transmission der Anwachsung vorgehen. Eine eher konstruktiv wirkende Begründung lautet: Die Berufung des Transmittenten fällt ja nicht weg, sondern wird auf den Transmissar übergeleitet. Es ändert sich somit die zuvor mit dem Transmittenten vorgelegene und nun mit dem Transmissar bestehende Konkurrenzlage in den Bruchteilen nicht; also kein Wegfall bzw Änderung der *partes concursu fieri*-Situation, womit nicht akkreszieren kann (die Überleitung der Berufung schließt die Delationsausdehnung aus).

Und wieso geht auch die Substitution der Akkreszenz vor? An die Stelle des Ausfallenden rückt ja eine neue Delation beim Substituten nach, sodass für eine Delationsausweitung kein Raum ist.

Geht die Transmission der Substitution vor oder umgekehrt? Das ist noch nicht ganz geklärt. Nach herrschender Interpretation der Quellen schließt wohl die Transmission die Substitution aus: (sehr konstruktive) Begründung: Mit der Transmission bleibt die bestehende Delation (die wirksam angefallene) aufrecht; sie wird nur übergeleitet, sodass die Substitutionsbedingung nicht erfüllt ist und damit keine neue Delation (beim Substituten) nachrückt.

Beides zusammengenommen begründet die Reihung „Transmission vor Substitution vor Akkreszenz".

---

109) Sehr klar *Brinz,* Lehrbuch der Pandekten² (Erlangen 1886) Bd 3, 156 (§ 389): „Transmission. So nennt man die Uebersetzung der in der Delation enthaltenen Erwerbskraft – allenfalls auch der mitunter noch vor der Delation vorhandenen Exspektanz auf die Erbschaft – von der Person des Delaten auf die Person eines Nichtdelaten. Sie ist keine neue Delation, sonder Ausnützung der alten zu Gunsten einer neuen Person."

B. Ersatzerbschaft

D 28, 5, 74 (Gai. 12 ad leg. Iul et Pap.)

Sub condicione herede instituto si substituamus, nisi eandem condicionem repetemus, pure eum heredem substituere intellegimur.

Wenn wir dem unter einer Bedingung eingesetzten Erben substituieren[110]), so fassen wir das so auf, dass dem Erben unbedingt substituiert ist, wenn wir nicht dieselbe Bedingung (beim Substituten) wiederholen.

Der Institut: Er ist aufschiebend bedingt eingesetzt. Ihm ist ein Ersatzerbe berufen.

Problem: An sich kommt ein Substitut erst nach Ausfall des Instituten zum Zug. Wie ist jedoch die Substitutionsbedingung in der Schwebe der Institutionsbedingung zu denken? Ist die Ersatzerbschaft als durch die Institutionsbedingung *und* das Ausfallen des Instituten bedingt aufzufassen (mithin gleichsam als eine „potenzierte Bedingung" für den Ersatzerben)? Oder kommt als Auslegung des Erblasserwillens in Frage: Gewollt ist, dass eben der Ersatzerbe sogleich in der Pendenz der Institutionseinsetzung berufen ist? Was wollte der Erblasser sicherlich nicht? Dass der Nachlass erblos ist (da er sich sogar sehr detailliert Gedanken über die Nachfolge machte), also wohl auch nicht, dass er während der Pendenz erblos ist.

Entscheidung: Die Institutionsbedingung schlägt nicht auf den Substituten durch. Dazu müsste sie ausdrücklich für den Substituten wiederholt sein.

Der Ersatzerbe substituiert den Instituten bereits in der Schwebe der Institutionsbedingung.

Erörterung: Klar ist: Fällt die Institutionsbedingung aus (Ende der Schwebe), so ist der Substitut berufen. Heikel aber war: Der Substitut kommt schon zum Zug bei noch schwebender Institutionsbedingung. Dann kehrt sich das Substitutionsverhältnis um: Der Institut ist Substitut des Substituten. Aber es kehrt sich nicht vollständig um, weil Substitutionsfälle auch dann noch denkbar sind, wenn die Institutionsbedingung *eintritt* und damit die Berufung vom Substituten auf den Instituten wechselt, nämlich: Wenn der Institut dann ausschlägt oder vor Erbantritt stirbt. Dann käme wieder der Substitut zum Zug.

[110]) Sprachlich: Der Protasis vorangestellt ist der Ablativus absolutus: „Wenn wir substituieren, wobei der Erbe unter einer Bedingung eingesetzt ist"; man kann aber den Abl abs gleich in den Gedanken hineinziehen.

Fall:

1. Teil des Sachverhalts: Der Erblasser setzt H_1, H_2 und H_3 zu Miterben ein (sohin erbt jeder zu 1/3) und substituiert H_1 und H_2 wechselseitig. H_2 schlägt aus.

H_1 bekommt 2/3, nämlich 1/3 als Institut und das 1/3 des H_2 als sein Substitut (Ersatzerbe); H_3 erbt 1/3.

2. Teil: Der Erblasser beruft H zu seinem Universalerben und setzt L ein Legat aus. Nach Anfall des Vermächtnisses aber noch vor Erbantritt (= nach *dies cedens* und vor *dies veniens)* stirbt L und H beerbt ihn.

Dem L war das Vermächtnis wirksam angefallen; er hatte damit eine vererbliche Anwartschaft. Somit kommt es mit dem Erbgang nach L zur *transmissio legati* auf H, dh, die Legatsdelation wird auf H übergeleitet, bei dem das Vermächtnis konfundiert, weil er nun mit einem Vermächtnis an sich selbst belastet wäre. (Für Interessierte: Genauer liegt der Fall eines sich nachträglich bildenden Prälegats vor. Von einem Vorausvermächtnis spricht man, wenn der Erblasser einen Erben zudem noch mit einem Vermächtnis bedenkt: Im Bild der Delationen trifft also beim Prälegatar die Erbendelation mit der Vermächtnisdelation zusammen, die vom selben Erblasser her kommen und bei *dies cedens* ein *concursus causarum*-Problem der beiden Berufungen bilden. Da oben ja dieselbe Vermächtnisdelation [und nicht eine neue] auf H übergeleitet wurde, die vom selben Erblasser her kommt, der ihn zum Erben berief, entsteht hier durch die Transmission das Prälegat bei H, das *iure legati* unwirksam ist).

Kombination des 1. und 2. Teils: H_1, H_2 und H_3 sind als Erben berufen, H_1 und H_2 wechselseitige Ersatzerben und dem L ist ein Grundstück vermacht. H_2 schlägt aus; L stirbt nach Vermächtnisanfall noch ehe die anderen die Erbschaft antraten und wird von H_1 beerbt.

Mit dem Vermächtnis zugunsten von L belastet waren alle Teilerben entsprechend ihren Erbquoten mit je 1/3. Etappe: H_2 schlägt aus: Damit erbt H_1 das 1/3 vermächtnisbeschwert; seine 2/3 sind also legatsbelastet zugunsten von L.

Nun der Erbgang nach L: 2/3 des Legats konfundieren bei H_1 (– insoweit ist H_1 ja nun selbstbelastet), sodass er das Grundstück zu 2/3 aus dem Erbrechtstitel hat und zum restlichen 1/3 ist das Legat wirksam geblieben mit Belastung des H_3, sodass H_1 das restliche 1/3 aus dem Vermächtnisrechtstitel hat, womit er im Ergebnis Alleineigentümer des Grundstücks aus geteilten Rechtsgründen ist (zu 2/3 *iure hereditario* aus dem Universaltitel und zu 1/3 *iure legati* aus dem Singulartitel).

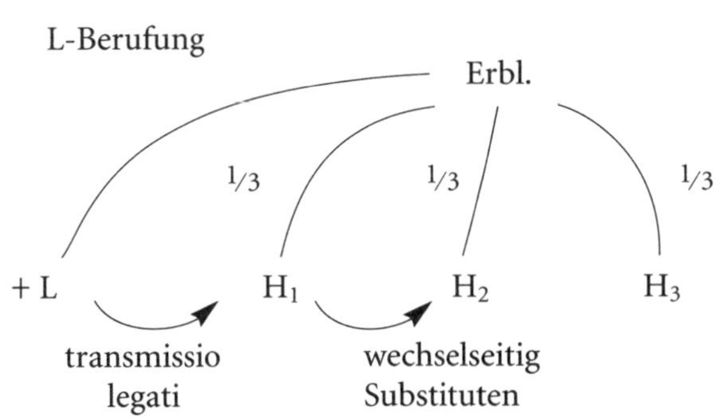

C. Vermächtnisse

D 44, 4, 8 pr. + § 1 (Paul. 6 ad Plaut.)

Dolo facit, qui petit quod redditurus est. § 1 Sic, si heres damnatus sit non petere a debitore, potest uti exceptione doli mali debitor et agere ex testamento.

Arglistig handelt, wer einklagt, was er gleich wieder zurückgeben muss. § 1: So, wenn der Erbe letztwillig verpflichtet ist, nicht vom Schuldner einzuklagen, so kann sich der Schuldner der *exceptio doli* bedienen und *ex testamento* klagen.

Der Inhalt des Damnationslegats: Dem Erben ist auferlegt, die Schuld nicht einzutreiben. Machte der legatsbeschwerte Erbe, der die Nachlassforderung zugunsten des Vermächtnisnehmers einbüßen soll, die Forderung des Erblassers dennoch geltend, so hat der Legatar die *exceptio doli:* Ist sie Erlasseinrede? Wohl so: in der Klagserhebung läge eine Verletzung des letzten Willens (die *exceptio doli* aus Verletzung des erblasserischen Willens ist mehrfach belegt[111])). Sonst noch denkbarer Inhalt des *Befreiungsvermächtnisses?* Der Erblasser *verpflichtet* den Erben, den Schuldner zu befreien. Dann hat der Legatar die *actio ex testamento* auf *Schulderlass* (Vornahme der *acceptilatio,* die den Schuldner nach *ius civile* befreit).

---

[111]) Vgl auch D 44, 4, 4, 10 (Ulp. 76 ad ed.) Preaterea sciendum est, si quis quid ex testamento contra voluntatem petat, exceptione eum doli mali repelli solere: et ideo heres, qui non habet voluntatem, per exceptionem doli repellitur.

D 30, 81 pr. (Iul. 32 dig.)

Si fundum sub condicione legatum heres pendente condicione sub alia condicione alii legasset et post existentem condicionem, quae priore testamento praeposita fuisset, tunc ea condicio, sub qua heres legaverat, exstitisset, dominium a priore legatario non discedit.

Wenn der Erbe das unter einer Bedingung vermachte Grundstück während schwebender Bedingung unter einer anderen Bedingung einem anderen vermacht hatte, und nach eingetretener Bedingung, die dem ersten Testament vorangestellt gewesen ist, dann *die* Bedingung, unter der der Erbe vermacht hatte, eingetreten ist, so weicht das Eigentum nicht vom ersteren Legatar.

Rekonstruktion des Sachverhalts: Die Beteiligten: Wieviele Erben? Wieviele Legatare? Dem ersten Satz ist zu entnehmen: Ein Erbe H_1 war schwebend belastet mit einem aufschiebend bedingten Grundstücksvermächtnis zugunsten des Legatars L_1. Was tat H_1 dann? Er errichtete ein Testament, in dem er das Grundstück einem anderen vermachte, einem L_2, und zwar wieder aufschiebend, nun durch eine andere[112]) Bedingung bedingt.

Schwebte die Bedingung für das erste Vermächtnis bei Testamentserrichtung durch H_1 noch? (Und wie lange schwebt sie dann?) Ja; das wäre bereits zu folgern, steht aber auch ausdrücklich im ersten Satz da: *pendente condicione.* Was setzt ein gültiges Testament des H_1 voraus? Wieder eine Erbeinsetzung (H_2). Also H_2 soll den H_1 beerben; H_2 ist pendent belastet mit dem Grundstücksvermächtnis zugunsten von L_2.

Nun die genaue Reihenfolge des Geschehens: Der Erblasser stirbt. Sein Erbe H_1 tritt an. Die Legatsbedingung für L_1 schwebt noch. *Dann stirbt H_1* und sein Erbe H_2 tritt an. Nun tritt die Legatsbedingung für L_1 ein, dann jene für L_2.

Entscheidung? Das Eigentum am Grundstück „weicht nicht" *(non discedit)* von L_1 auf L_2. Welche Legate sind wegen *dominium non discedit* wahrscheinlich? Zwei Vindikationslegate, weil es damit zum Vonselbsterwerb des Eigentums („Sprungerwerb") kommen könnte.

Erörterung: Die erste Etappe des Geschehens: Der Erblasser starb, H_1 beerbte ihn, das Legat für L_1 ist noch pendent. Damit fiel dem L_1 das Vermächtnis noch nicht an (es deferierte ihm noch nicht), der *dies legati cedens* war noch nicht da, aber die Pendenz hat schon begonnen. Mit dem Erbgang erwarb H_1 mithin Eigentum am Grundstück; jedoch: endgültig, oder noch nicht „stabiles" Zwischeneigentum, das er verlieren kann?

Tritt die Legatsbedingung für L_1 ein, so kommt es zum *derivativen Vonselbsterwerb aus dem Legatsrechtstitel vom Erblasser her, mit dem die causa legati besteht.* L_1 erwirbt abgeleitet als Singularsukzessor nach dem Erblasser (und nicht nach dem Erben). Erfüllt sich die Vermächtnisbedingung, so verlöre also der Erbe das Eigentum „automatisch" (von selbst) an den Legatar L_1.

---

112) Auch kam vor, dass unter *derselben* Bedingung nochmals vermacht wurde: vgl D 31, 66 pr.

Was ist somit die Kehrseite der aufschiebenden Bedingung für den pendent legatsbeschwerten Erben? Während der Schwebe hat H_1 nur *auflösend bedingtes Zwischeneigentum iure hereditario.* Nur über dieses konnte er (hier: letztwillig) verfügen.

Wann hätte H_1 endgültig Eigentum erworben? Wenn die *Bedingung* für L_1 *ausfällt* (oder wenn sie eintritt und L_1 das Legat ausschlägt).

Von wem erwirbt L_2? Derivativ, *causa legati* von H_1. Dieser ist sein Vormann.

In der Stelle fiel dem L_2 noch nicht an, weil die Legatsbedingung noch schwebte.

Mit Eintritt der Bedingung des ersten Legats löste sich das Zwischeneigentum für H_2 auf durch den abgeleiteten Vonselbsterwerb aus dem Legatsrechtstitel nach dem ersten Erblasser für L_1 (das Zwischeneigentum für H_2 ist *doppelt auflösend bedingt:* das ist die zweifache Kehrseite der aufschiebenden Bedingung für L_1 und der aufschiebenden Bedingung für L_2; erst wenn beide Bedingungen ausfielen oder beide Legatare ausschlügen, wäre H_2 nicht mehr legatsbelastet).

Variante: Wie, wenn zuerst die Bedingung für das zweite Legat eingetreten wäre und daraufhin jene des ersten? Dann käme es zum „Sprungerwerb" von L_2 weg auf L_1 (derivativ vom ersten Erblasser her, der sein Vormann ist), da L_2 nur auflösend bedingtes Zwischeneigentum *causa legati,* abgeleitet von H_1, hatte.

Und wie, wenn L_2 (nachdem sich auch die Legatsbedingung für L_1 erfüllte) das Grundstück besitzt und sich L_1 um die Vermächtnisverfolgung nicht weiters kümmert?

L_2 könnte das Grundstück *pro legato* ersitzen. Das Vindikationslegat nach H_1 ist zwar unwirksam, weil H_1 nicht berechtigter Vormann war, aber die Legatsdelation (die Vermächtnisberufung), die ja den Titel für den Legatserwerb bildet, ist mit Bedingungseintritt dem L_2 angefallen.

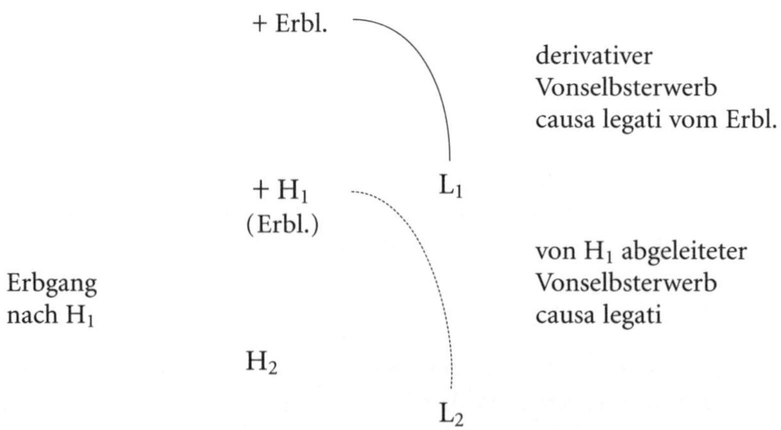

D 8, 6, 11, 1 (Marcell. 4 dig.)

Heres, cum legatus esset fundus sub condicione, imposuit ei servitutes: extinguentur, si legati condicio existat.

Wenn der Erbe, obgleich das Grundstück unter einer Bedingung vermacht war, es mit Dienstbarkeiten belastet hat, so erlöschen sie, wenn die Legatsbedingung eintritt.

Die Beteiligten sind: 1) Der Erbe; 2) Der durch ein Vindikationslegat pendent bedachte Legatar. Der Erbe belastet (nach Erbantritt) während Schwebens der Legatsbedingung das pendent vermachte Grundstück mit Dienstbarkeiten. Dann tritt die Legatsbedingung ein.

Zu begründen ist: Warum erlöschen mit Bedingungseintritt die Dienstbarkeiten?

Welche sachenrechtliche Position hatte der Erbe hinsichtlich des (pendent vermachten) Grundstücks während Schwebens der Legatsbedingung? Als Kehrseite des aufschiebend bedingten Vindikationslegats hatte er (aus dem Erbrechtstitel abgeleitetes) auflösend bedingtes Zwischeneigentum. Wozu käme es also mit Bedingungseintritt? Zum vom Erblasser (dieser ist der Vormann des Vermächtnisnehmers) abgeleiteten Vonselbsterwerb des Legatars aus dem Vermächtnisrechtstitel.

Und was ist somit die Konsequenz für die belastend wirkenden Verfügungsgeschäfte (Dienstbarkeitseinräumung), die der Erbe vornahm? Auch die vom bloß auflösend bedingten Zwischeneigentum abhängigen weiteren Verfügungen sind ebenso nur auflösend bedingt wirksam.

Die aus der Zwischenverfügung erlangte Rechtsposition endet also so wie die Rechtsposition des Verfügenden[113]). Diese Folge als „Wiedereintritt des früheren Rechtszustandes" zu sehen, wäre freilich unrichtig, weil *berechtigende* Veränderungen während der Schwebe (etwa Servitutsbegründung für das vermachte Grundstück als herrschendes) *nicht* rückgängig gemacht würden.

---

113) Vgl *Günther Jahr,* Auflösende Bedingungen und Befristungen im klassischen römischen Recht, FS Niederländer (Heidelberg 1991) 35 zur „Zwischenverfügung" des pendent vermächtnisbelasteten Erben: er kann eine „diese Verfügung beeinträchtigende Verfügung nur noch so treffen, dass sie bei Eintritt der Bedingung oder des Anfangstermins unwirksam werden".

D 30, 120, 2 (Ulp. 2 resp.)

Fructus ex fundo pure legato post aditam hereditatem a legatario perceptos ad ipsum pertinere, colonum autem cum herede ex conducto habere actionem.

Die aus dem unbedingt vermachten Grundstück nach Erbantritt vom Legatar gezogenen Früchte gehören diesem, der Pächter aber hat gegen den Erben die Klage aus dem Pachtvertrag.

Rekonstruktion: Der Erblasser hat einen Außenerben (extraneus) zum Testamentserben eingesetzt (*extraneus* ist zu folgern aus *aditam hereditatem:* es bedarf also seines Erbantritts) und einem Legatar unbedingt (= pure) durch Vindikationslegat ein Grundstück vermacht (das Vindikationslegat ist zu erschließen aus der Rechtsfolge des dinglichen Vonselbsterwerbes). Entweder noch vor oder nach Testamentserrichtung (das geht aus dem Text nicht hervor) hat der Erblasser dasselbe Grundstück verpachtet. Dann stirbt der Erblasser und der Erbe tritt an (womit es einen Vermächtnisbeschwerten gibt und nun auch der *dies veniens,* der Tag des Erwerbs, für das Legat da ist). Daraufhin erntet der Legatar die Früchte des vermachten Grundstücks.

Erörterung der Rechtsfolgen: Durch dinglichen Vonselbsterwerb *causa legati* abgeleitet vom Erblasser ist der Legatar Singularsukzessor (Einzelrechtsnachfolger) in das Eigentum am vermachten Grundstück. Als Eigentümer gehören ihm auch die Früchte (auch wenn der Pächter gesät hat). Der Pachtvertrag bindet ihn nicht. In den Pachtvertrag trat nur der Erbe als Universalsukzessor ein.

Eine „Überbindung" des Pachtvertrages auf den Legatar wäre als Legat unter einer Auflage[114]) denkbar gewesen, die den Vermächtnisnehmer zur Duldung der Pacht verpflichtet[115]) oder zur Duldung unter Zuwendung des Pachtzinses, worin neben dem Grundstückslegat unter Auflage auch ein Damnationslegat des Pachtzinses (Forderungsrecht gegen den Erben auf Abtretung der *actio locati)* läge[116]).

So aber trat die Konsequenz des allgemeinen Grundsatzes „Kauf bricht Miete"[117]) bzw hier: „Vindikationslegat bricht Pacht" ein: Die Früchte sind Teil der Muttersache und sind sachenrechtlich mit Trennung (womit sie rechtlich selbstständig werden) dem Eigentümer

---

114) Eine Auflage verpflichtet den Erben oder einen Vermächtnisnehmer zu einem bestimmten Tun oder Unterlassen. Vgl heute § 709 ABGB.

115) Klagte dann der Vindikationslegatar auf Räumung, so hätte der Pächter als Auflageberechtigter die *exceptio doli* (aus dem letzten Willen) bis zum Ablauf des Pachtvertrages.

116) Weniger gut wäre es, das Legat aufschiebend bedingt zuzuwenden, wie *Zitelmann,* 67 dies vorschlägt, weil der Legatar vor Ablauf der Pacht nicht einmal eine vererbliche Anwartschaft auf das Legat hätte, wäre doch dann der *dies cedens* noch nicht da. Richtiger wäre es, den *dies veniens* bis zum Ablauf des Pachtvertrages hinauszuschieben.

117) Anders heute § 1120 ABGB: Der Erwerber tritt in den Bestandvertrag ein, kann diesen aber kündigen.

zugewiesen (vgl heute § 294 ABGB); *perceptos* spitzt den Fall auf die Konfrontation dinglich/bloß obligatorisch Berechtigter zu: Dem Dritten (Legatar) gehören kraft besseren (dinglichen) Rechtes die Früchte, worauf sich der Pächter als bloß obligatorisch Berechtigter nur an seinen Vertragspartner, den Erben, auf den der Vertrag übergegangen ist, halten kann, um Schadenersatz (das Interesse am *frui licere)* durchzusetzen.

D. Erbschaftsfideikommiss*

Vorbemerkungen:

a) Welchen Fall hat man sich unter einem Universalfideikommiss vorzustellen? Der Erblasser bittet einen Allein- oder Teilerben, die ganze Erbschaft bzw seine Erbquote dem Fideikommissar zu restituieren. (Im Bild der Delationen deferiert also dem Erben die Erbschaft restitutionsbelastet zugunsten des Fideikommissars). Der Erbe hat damit die Stellung eines Treuhänders; daher wird er auch Fiduziarerbe genannt; idR verbleiben ihm die Früchte der Zwischenzeit (die zwischen Erbantritt und späterer Herausgabe gezogenen Nutzungen und Früchte).

b) Die Rechtslage nach dem SC *Pegasianum:* Restitution unter 1/4-Abzug: 1/4 des Nachlasses bzw 1/4 der Erbquote verbleibt dem Fiduziar (etwa einem 1/3-Fiduziarerben, der gebeten ist, sein 1/3 herauszugeben, behält mithin 1/12 vom ganzen Nachlass zurück). Kurz: das SC gibt dem Fiduziar den Quartabzug. Erbe bleibt der Fiduziar auch noch nach Restitution. Daher ist er auch noch nach Herausgabe aktiv- und passivlegitimiert für die Verlassenschaftsforderungen und Schulden. Mit wechselseitigen Stipulationen sucht man im Innenverhältnis (zwischen Fiduziar und Fideikommissar) den Ausgleich (der Fideikommissar promittiert die Schadloshaltung für erblasserische Schulden[118]), der Fiduziar die Herausgabe bzw Abtretung von Verlassenschaftsforderungen).

c) Die Rechtslage nach dem SC *Trebellianum:* Der Fideikommissar steht mit Restitution heredis loco (an der Stelle eines Erben), er ist *quasi heres* und dem restituierenden Fiduziar verbleibt nur das *nudum nomen heredis* (der nackte Name eines Erben, eine inhaltslose Rechtshülle). Damit kommt es zum Übergang der Sachlegitimation für die Forderungen und Schulden, zum *Aktionentransfer* auf den Fideikommissar. Und zwar im Umfang der Restitutionsquote: Restituiert der Alleinerbe unter Rückbehalt eines 1/4, so kommt es zur Teilung der Sachlegitimation, wonach 3/4 auf den Fideikommissar übergehen und zu 1/4 bleiben Forderungen und Schulden beim Fiduziar. Wie konnte man den pegasianischen 1/4-Abzug und damit einen geteilten Aktionentransfer umgehen? Durch Anordnung eines Einzelvorbehaltes, dh der Fiduziar behält eine bestimmte Sache im Wert von 1/4 zurück, womit es zum *ungeteilten Aktionentransfer* kommt[119]).

---

[118]) Vgl Gai. 2, 252.

[119]) Zum Ganzen eingehend *Ulrich Manthe,* Das senatus consultum Pegasianum (Berlin 1989).

D 6, 2, 12, 1 (Paul. 19 ad ed.)

Is cui ex Trebelliano hereditas restituta est, etiamsi non fuerit nactus possessionem, uti potest Publiciana.

Der, dem die Erbschaft nach dem Trebellianum restituiert worden ist, kann sich, auch wenn er den Besitz nicht erlangt hat, der Publiciana bedienen.

Wie geschieht die Restitution? Formfrei durch faktische Herausgabe, also Barrestitution, etwa auch *traditio* durch *pati*[120]) (D 36, 1, 38 pr.) oder durch Verbalrestitution (eod.: verbo dixit se restituere), dh durch einseitige formlose Erklärung seitens des Fiduziars, an den Fideikommissar herauszugeben (mithin keine Zession, die ja ein Vertrag wäre). Ist die Stelle von der Barrestitution zu denken? Dazu würde *etiamsi non fuerit nactus possessionem* nicht passen. Also ist sie von der Verbalrestitution zu denken und dann wie weiter? Der Fideikommissar hat die *actio Publiciana;* gegen Dritte oder auch gegen den Fiduziar? Hat der Fiduziarerbe restituiert, aber den Besitz noch behalten, so dreht es sich auch um die *Publiciana* gegen den Fiduziar mit der Pointe: Der Fideikommissar steht mit Restitution *heredis loco,* er ist *quasi heres,* mithin prätorischer Erbe und hat damit die Sache *in bonis.* Die *Publiciana* ist also nicht darauf zu stützen, dass ihm die Sache *ex iusta causa* (aus dem Fideikommissrechtstitel) tradiert worden ist (woran es ja fehlte), sondern er hat sie als prätorischer Eigentümer.

Hat er sie wegen des Vorbehalts-1/4 um Umfang der Restitutionsquote geteilt zu 3/4? Wenn unter Einzelvorbehalt restituiert wurde, hat er sie ganz.

120) Tradition durch Gestatten des Nehmens (vgl ferner etwa D 19, 1, 25 ua.). Finden Sie ein Beispiel, wo sie heute vorkommt? Etwa bei der Selbstbedienungstankstelle (der Käufer des Benzins befüllt selbst unter Gestattung des Verkäufers).

Anhang I

Digestenexegese für Fortgeschrittene

D 28, 5, 38, 5 (Iul. 30 dig.)

Cum venditor servum ante traditionem ab emptore pro parte heredem scriptum adire iubet, restituere coheredi servi necesse habet, quia lucrum facere eius servi iure quem vendidit non debet. plane non totum quod adquisierit restituet, sed pro ea dumtaxat parte, qua servus coheredem habuerit,

eod. 39 (Marcian. 2 reg.)

id est partem dimidiam servi et quartam hereditatis.

eod. 40 (30 dig. Iuliani Marcellus notat:)

immo et id debet praestari, quod consequi venditor non potuisset, si prius, quam adiret servus partem hereditatis, is traditus esset: quod est verum.

Wenn der Verkäufer den vom Käufer zum Teilerben eingesetzten Sklaven vor Übergabe hieß, (die Erbschaft) anzutreten, so muss er dem Miterben des Sklaven restituieren, weil er nicht einen Gewinn ziehen darf aus dem Sklaven, den er verkauft hat. Freilich, wird er nicht alles, was er (sc. durch den Sklaven) erworben hat, restituieren, sondern nur zu dem Teil, zu dem der Sklave einen Miterben hatte,

Marcian. 2 reg.

das heißt, der Hälfte des Sklaven und ein Viertel der Erbschaft.

Marcellus bemerkt zu Julian:

Nein ganz im Gegenteil, auch das muss geleistet werden, was der Verkäufer nicht erwerben hätte können, wenn der Sklave bereits übergeben worden wäre, bevor er seinen Erbteil antrat. Und das ist richtig.

Bei Testamentserrichtung des Käufers ist der Verkäufer Herr des verkauften Sklaven S, den der Käufer zusammen mit einem Miterben (H_2) zu Teilerben einsetzt. Dann stirbt der Käufer vor Übergabe des eingesetzten S. Damit wird die Erbendelation wirksam zugunsten eines *servus alienus,* die sein Herr (noch der Verkäufer) ausnützt, indem er das *iussum* zum Erbantritt erteilt.

Bei Tod des Käufers treten folgende Rechtsfolgen ein: Mit Erbfall deferiert *(partes concursu auf ½ geteilt)* die ½ – Erbendelation dem S und die ½ Erbendelation dem H_2. Im Nachlass enthalten ist der Lieferungsanspruch auf den Sklaven (die *actio empti).* Somit steckt wegen *nomina ipso iure divisa* in der ½ Erbendelation des S die eine „*½ actio empti*" und die andere „*½ actio empti*" liegt im Erbteil des H_2.

Die Folgen daraus bei H_2:

H_2 hat damit die ½ *actio empti* auf den S samt der diesem „anhängenden" ½ Erbendelation. Somit rechnerisch: ½ auf (S + ½ der ihm deferierenden Erbschaft), das ist auf den ½ Sklaven und auf ¼ der diesem anhängenden Erbschaft. Das ist die *Marcian*-Lösung (D 28, 5, 39): *id est partem dimidiam servi et quartam hereditatis.*

Das Problem taucht auf, wenn man sieht, dass die Trägerschaft der Erbanwartschaft am Gewaltverhältnis hängt, das mit V besteht. Daher wäre es an sich denkbar (wenngleich verworfen), dass V die ½ Delation des S ausnutzt, wodurch kraft Erwerbszurechnung die ½ Erbschaft an V käme. Zu einem Wechsel des Gewaltverhältnisses auf K mit der Folge, dass die Trägerschaft der Anwartschaft am neuen Gewaltverhältnis und am neuen *iussum* des K hängt, konnte es ja mangels Übergabe nicht kommen.

Jedoch bildet sich über die ½ *actio empti* des H_2 der Fall einer „mitwandernden Delation"[121]): Durch die ½ *actio empti* „wandert" mit dem ½ S die Hälfte der diesem anhängenden ½ Erbberufung (= ¼ vom ganzen Nachlass[122])) zu H_2. Somit hat H_2 die ½ der Erbschaft aus der eigenen Erbenberufung und mit Abwicklung der ½ *actio empti*, gerichtet auf S samt Akzession des dem S anhängenden Erbschaftsteiles ½ vom Sklaven und folglich insgesamt ¾ der Erbschaft.

Durch die „wertzuweisende Kaufbetrachtung" wird die Abfolge 1) Wirksamwerden der Delation für S mit Ausnutzung im Gewaltverhältnis für V, 2) Erbantritt auf Geheiß des V mit Erwerb kraft Erwerbszurechnung für V, korrigiert durch die Folge: 1) Delation des S, der wertmäßig samt seinen Akzessionen dem Gesamtnachfolger nach dem Käufer zuzuordnen ist, aber eben nur zur Erbquote von ½, und 2) Antritt auf Geheiß des V, wodurch für V aus der dem S anhängenden Erbenberufung ein *lucrum* entstünde, nämlich im Umfang von ¼ der Verlassenschaft.

Die Ausweitung des ½ Erbteiles bei H_2 auf ¾ ist nicht Folge einer (erbrechtlichen) Akkreszenz, sondern *accessio*[123]*)*. S fällt als Erbe ja nicht aus (noch wird sonst seine Erbenberufung unwirksam); maW: Es kommt nicht zu einer Delationsausdehnung durch Wegfall eines konkurrierenden Mitberechtigten im Erbrecht (also einer Änderung der *partes concursu fieri*-Lage der Berufungen), sondern die Trägerschaft der Erbanwartschaft „wandert" als *accessio* des S mit diesem im Rahmen der Kauferfüllung an den H_2, womit es zu einem Wechsel des Gewaltverhältnisses kommt. Dann bedarf es eines neuen *iussum* des Erwerbers, hier des H_2: *novum iussum posterioris domini, non prioris exigitur,* so wie in Jav. D 29, 2, 62, 2 und Gai. 2, 189. Es kommen also über den ½ S die Erwerbszurechnung des ¼ (das ist der Erbteil, den der ½ S „mitbringt") und der eigene Erbantritt des H_2 (im

---

[121]) Im Ergebnis gleich, aber noch nicht mit dieser Begründung: Rastätter, Marcelli notae ad Iuliani Digesta (1981) 191.

[122]) Durch die infolge *nomina ipso iure divisa* aufgespaltene *actio empti* wird auch die mitwandernde ½ Erbendelation zur Hälfte aufgespalten. Im Ergebnis auch *Rastätter,* 191 (ohne Anm) und möglicherweise *Arangio-Ruiz,* La compravendita I/II (Napoli 1961) 255 Anm 1.

[123]) Einen Fall der *accessio* der Erbportion an die Erbportion des Miterben und keinen Fall der Akkreszenz zeigt auch D 29, 2, 26; eod. 36: Der Gewalthaber ist zum Teilerben eingesetzt, sein Gewaltunterworfener zum Miterben; vgl *Steinlechner,* Das schwebende Erbrecht (Innsbruck 1893) 207 Anm 4.

Umfang von 1/2) zusammen. Dieses 1/4 erwirbt der H_2 nicht aus der eigenen Delation (wie das bei einer Akkreszenz der Fall wäre, wo der Anwachsungsberechtigte aus derselben, nach Änderung der *partes concursu fieri*-Situation nun ausgeweiteten Delation erwirbt), sondern er hat das 1/4, weil ihm der 1/2 Erbschaftserwerb durch S zu 1/2 zufällt.

Die Folgen bei V:

Durch das *iussum* auf den Erbantritt[124]) erwarb V durch den S die 1/2 Erbschaft samt dem darin liegenden 1/2 Lieferungsanspruch. Mit der Erwerbszurechnung konfundiert die 1/2 *actio empti* bei V. Beim 1/2-Verlassenschaftserwerb bleibt es aber nicht, sondern es tritt die schon geschilderte Folge bei H_2 ein: Kraft wertzuweisender Kaufbetrachtung an den 1/2-Universalsukzessor H_2, kommt die dem S anhängende 1/2 Erbendelation zu 1/2 (vom Ganzen ausgedrückt sohin mit 1/4) als akzessorisches *commodum* des verkauften Sklaven an den Käufer. Die Abfolge ist also: Erwerb von 1/2 des Nachlasses, wovon 1/4 „weggeht"; somit lässt sich das 1/4 bei V als verbliebener Teil des erwerbszugerechneten Verlassenschaftsteils erklären[125]).

Marcellus „forciert" dagegen vollends die wertzuweisende Kaufbetrachtung. Wäre der Sklave sofort mit Kauf übergeben worden *(si prius quam adiret ... traditus esset),* dann kommt für den 1/2 Erbteil des S folgende Alternative in Betracht: Entweder 1/2 wäre bei Erbeinsetzung *sine libertate*[126]*)* dem S „praktisch schon als Nachlasssklaven" des Käufers wirkungslos deferiert[127]), wodurch sein 1/2 Erbteil dem H_2 anwächst, oder die Einsetzung *cum libertate* (K setzt den S ein und lässt ihn testamentarisch frei) wäre (als Freilassung eines fremden Sklaven) wirkungslos (D 28, 5, 50 pr.[128])), sodass auch in dieser Alternative 1/2 anwächst[129]).

---

[124]) Jüngst meint *Pennitz,* Das periculum rei venditae (Wien/Köln 2000) 172, dass sich der Verkäufer durch das *iussum* ein Recht anmaßt, das „ihm angesichts des Verkaufes des Sklaven nicht mehr zusteht, womit das *iussum* selbst gegen die *bona fides* verstößt." Ob diese Einschätzung wegen D 29, 2, 62, 1 und Gai. 2, 189 trägt (denn dann wäre dort überall das „alte iussum", „*iussum prioris*" per se vertragswidrig), scheint nicht ganz gesichert. Der Käufer kann eben nur die mitwandernde Delation (nochmals) ausnützen und dann geht das neue *iussum* dem alten vor. Ob der Sklave (– wie offenbar regelmäßig) mitsamt seinen Akzessionen verkauft ist oder die Akzessionen als nicht mitverkauft gelten, ist Sache der jeweiligen Vertragsvereinbarung.

[125]) *Beseler,* Miscellanea critica, SZ 43 (1922) 431 kritisiert – offenbar als eine Inkonsequenz –, der Verkäufer soll zwar keinen Gewinn machen „und behält dennoch ein Viertel der Erbschaft". Der Einwand verfängt nicht, weil er übersieht, dass die „wertzuweisende Kaufbetrachtung" (und diese steckt ja hinter „keinen Gewinn machen") zugunsten von H_2 eben nur zur Hälfte zu berücksichtigen ist (mit: *1/2 auf S samt der ihm deferierten 1/2 Erbendelation).*

[126]) Bloß um den Sklaven wertvoller zu machen.

[127]) Ohne testamentarische Freilassung des S kann er nicht für sich selbst erwerben.

[128]) Vgl auch *Buckland,* The roman Law of Slavery (Cambridge 1908, Nachdruck 1970) 505, gestützt auf D 28, 5, 50 pr. (Flor. 10 inst.): „When a man gives liberty and hereditas to a *servus alienus,* and then buys him, both gifts are bad, for the liberty to *servus extraneus* is a nullity, and the institution cannot stand without it."

[129]) Eine Lösung ohne Anwachsung wäre allenfalls denkbar, indem in der testamentarischen Freilassung auch eine fideikommissarische liegt. Dann wäre V, wenn er durch S die 1/2 Erbschaft erwirbt (weil er nun etwas aus dem Nachlass erlangt und damit Fideikommissbelasteter sein kann) auch mit

D 13, 7, 11, 4 (Ulp. 28 ad ed.)

Si creditori plures heredes exstiterint et uni ex his pars eius solvatur, non debent ceteri heredes creditoris iniuria adfici, sed possunt totum fundum vendere oblato debitori eo, quod coheredi eorum solvit: quae sententia non est sine ratione.

Wenn den Gläubiger mehrere Erben beerbt haben und einem von ihnen sein Teil gezahlt wird, so dürfen die übrigen Erben keinen Nachteil durch den Gläubiger erleiden, sondern sie können das ganze Grundstück verkaufen, wenn sie dem Schuldner das anbieten, was er ihrem Miterben gezahlt hat: und diese Auffassung ist nicht ohne Vernunft.

Der von mehreren Erben beerbte Erblasser war Gläubiger einer pfandgesicherten Forderung. Nach seinem Tod befriedigt der Schuldner einen Teilerben. Damit die übrigen Teilerben „keinen Schaden erleiden" *(non debent ... iniuria adfici)*, können sie das ganze Grundstück verwerten, allerdings[130]) unter Anbieten des Teilbetrages, den der Teilgläubiger erhalten hat.

Warum ist der Teilbetrag zur Rückzahlung anzubieten *(oblato debitori eo, quod coheredi ... solvit)*, um verwerten zu können?

Verdeutlichen wir den Fall durch ein Zahlenbeispiel: Die Forderung beträgt 100; für sie haftet ein Grundstück – etwa auch im Wert von 100. Der Gläubiger wird von vier Erben, H_1, H_2, H_3, H_4 beerbt. S zahlt 25 an H_1. Unstrittig ist, dass es mit dem Erbgang zur Teilung der Forderung nach Erbquoten kam – *nomina ipso iure divisa* (C 8, 31, 1; eod. 2). Bei gleichen Erbteilen sukzedieren H_1 bis H_4 in ¼-Teilforderungen (je 25). In das Pfandrecht folgen sie dem Erblasser entsprechend dem Prinzip der ungeteilten Pfandhaftung[131]) in ein *ius vendendi indivisum* nach (und nicht in ideelle Teilpfandrechte mit ¼-Teilung der Verwertungsbefugnis[132])). Beide Rechtsfolgen sind ausreichend bezeugt durch:

C 8, 31, 1 (Impp. Valerianus et Gallienus AA. Tauro) Manifesti et indubitati iuris est defuncto creditore multis relictis heredibus actionem quidem personalem inter eos ex lege duodecim tabularum dividi, pignus vero in solidum unicuique teneri. (D. XV k. Mai. Ipsis IIII et III AA. conss.)

Und durch C 8, 31, 2 (Impp. Diocletianus et Maximianus AA. et CC. Claudiae) Actio quidem personalis inter heredes pro singulis portionibus quaesita scinditur, pignoris

---

der Freilassung fideikommissbelastet. Spiegelbildlich kann man für die *Marcellus*-Lösung überlegen: Käme es bei H_2 – wenn man so will – „halb zur testamentarischen Freilassung", die, weil S *servus alienus* ist, wirkungslos wäre *und* in eine fideikommissarische umzudeuten ist, und „halb zur fideikommissarischen" Freilassung?

130) Der Ablativus absolutus hat, wie sogleich annehmbar zu machen ist, wohl modal-einschränkende Funktion.

131) D 20, 1, 19; C 8, 30, 1; D 10, 2, 29.

132) In unserem Beispiel entstehen also nicht „vier *iura vendendi*" für je 25. Für ideelle Teilpfandrechte aber *Dernburg* und *Sirks;* dazu sogleich.

autem iure multis obligatis rebus, quas diversi (divisi) possident, cum eius vindicatio non personam obliget, sed rem sequitur, qui possident tenentes non pro modo singularum substantiae conveniuntur, sed in solidum, ut vel totum debitum reddant vel eo quod detinent cedant. (S. v. k. Nov. Anchiali CC. Conss.)

Wie sukzedieren jedoch die Teilerben in das Pfandrecht? Entsteht ein *ius vendendi indivisum* für die ganze Forderung, das von jedem Teilerben für seine Teilforderung *allein* ausgeübt werden kann? Oder ein *ius vendendi indivisum* als Gesamthandrecht, sodass die Pfandsache nur gemeinschaftlich verwertet werden kann?[133]) In der neueren Literatur ist *Wacke*[134]) für eine Verwertung *pro solido* (nur alle zusammen dürfen verwerten), für „verbundene Mitpfandgläubiger", die den Erlös untereinander teilen müssen, eingetreten. Dem ist *Sirks*[135]) mit der Auffassung einer Teilverwertung entgegengetreten, wonach nach Teilzahlung an einen Miterben (der dadurch sein Pfandrecht verliert) die übrigen nur den restlichen (noch pfandverhafteten) Teil der Pfandsache verwerten, die dann im Miteigentum zwischen Käufer und Schuldner (als Verpfänder) steht[136]). Da die Miteigentumslösung aber die Pfandverwertung erschwert (weil sich nur ein geringerer Erlös erwarten lässt), sei in D 13, 7, 11, 4 die Rückzahlungslösung verständlich, wodurch nun das ganze Grundstück (mit besserem Erlös) verkauft werden kann. Dagegen kritisiert *Wacke*[137]) die Rückzahlungslösung als eine „absurde Konsequenz", die nur zeigt, dass die Entscheidung nicht zu Ende gedacht wurde: Es würde ja schon die Rückzahlung „eines einzigen Pfennigs" genügen, damit die erloschene Verwertungsbefugnis „formal wieder auflebt"; auch dann schon wäre das „in der Person des H_1 erloschene Verkaufsrecht ersatzweise wiederhergestellt". Den Text versteht *Wacke* so, dass „nach Rückzahlung des dem H_1 Geleisteten die übrigen Erben in wirtschaftlich ähnlicher Lage" sind, „wie wenn sie den H_1 vor seiner Befriedigung abgefunden hätten: Dessen Teilforderung ist dann praktisch auf sie übergegangen."[138])

Die Rückzahlung der *ganzen* Teilleistung ist nach *Wacke* also „überschießend". „Zwar müssen alle Erben beim Verkauf mitwirken; aber dieses Erfordernis dient nur dem Zweck, die gleichmäßige Befriedigung ihrer aller zu gewährleisten"[139]). Teleologisch richtig wäre, dass „ein vom Schuldner restlos befriedigter Teilgläubiger bei der Pfandverwertung nicht mehr berücksichtigt wird"[140]). Der zweite Kritikpunkt betrifft die praktische Schwierigkeit, dass die Rückzahlungslösung einem nicht zahlungskräftigen Miterben verschlossen ist, der den Betrag vorstrecken muss. Zwar können sich die nicht befriedigten Miterben „dafür

---

133) Was unproblematisch ist, weil die ererbten Teilforderungen dieselbe Fälligkeit haben.

134) Ungeteilte Pfandhaftung, Index 3 (1972) insb 475, 478, 491.

135) La pluralité des créanciers hypothécaires sans rang en droit romain classique et Paul. 5 „ad Plaut." D. 20, 4, 13, Bull. 1986 (neue Serie XXVIII) 315 f.

136 AaO gegen *Wacke:* „Wacke conclut que les héretiers ne peuvent l'exercer que conjointement. Cependant, le cas est différent, ... Par le payment l'hereditier a perdu son droit de pignus, et le fonds engagé est libéré pour cette fraction. C'est-à-dire, si les autres le vendent, ils n'en vendront qu'une partie, et ils feront l'acheteur copropriétair avec le débiteur."

137) AaO 477 f.

138) 476.

139) 477.

140) 478.

nach Durchführung des Pfandverkaufes wieder an dem *superfluum* schadlos halten", doch ist offen, ob der Pfandverkauf soviel einbringt.[141])

Die abweichende Annahme, dass jeder Teilgläubiger das ganze Grundstück *allein* verwerten kann, würde zweifellos zu weiteren Schwierigkeiten führen. Denn es ist nicht zu sehen, wie ein Mehrerlös bei Einzelverwertung im Pfandnexus bleiben könnte[142]). Verwertet (in unserer Beispielsannahme) nach Befriedigung des H_1 nun H_2 das *ganze* Grundstück (Wertannahme 100 = vereinfachend angenommen auch der Verkaufserlös) für seine 1/4-Teilforderung von 25, so ergibt sich ein Mehrerlös von 75, der aber eigentlich ein *„falsches superfluum"* ist[143]). Auch mit diesem Argument[144]) ist die Annahme eines ungeteilten ius vendendi, das von der Erbengruppe nur als Gesamtheit ausgeübt werden kann, stichhaltig. Nur verfängt eben die Kritik von Wacke, dass nach dem Prinzip der ungeteilten Pfandhaftung das ius vendendi des befriedigten H_1 bereits durch Rückzahlung eines denkbar geringen Betrages wiederhergestellt und damit das Verkaufsrecht der Erbengruppe wieder ausgeübt werden könnte. Will man die Rückzahlungslösung, wie im Text vorgeschlagen, halten, so ist also zu begründen, wieso der *ganze* Teilbetrag – und nicht nur 1 – zurückgezahlt werden muss.

Die Lösung erhellt sich aber aus der praktischen Überlegung, dass sich der Druck, die Pfandsache entsprechend teuer zu verwerten, um den gezahlten Teilbetrag verringert. Ohne die Rückzahlung der 25 (und nur Rückzahlung von 1, was ausreichen würde, um die Verwertungsbefugnis als Gesamthandrecht wiederherzustellen) genügte es den H_2, H_3 und H_4 das Grundstück um 75 (+ 1) zu verkaufen, damit ihre Teilforderungen (+ die zurückgezahlten 1) gedeckt sind[145]). Wenn sie aber 25 zurückzahlen müssen, steigt der Druck, das

141) *Wacke*, 477.

142) So schon *Dernburg*, Das Pfandrecht (Leipzig 1864) 40, freilich mit der gegenteiligen Konsequenz der Annahme von Teilpfandrechten bei Überlegung der Alternative, dass jeder Teilgläubiger das Pfandrecht in solidum hat und „ein Jeder für sich auch die ganze Sache" verkauft: „ ... *der* Miterbe käme in die Vorhand, der sich am schnellsten des Besitzes des Pfandes zu bemächtigen wüsste. Zwar könnten sich die anderen Erben wegen der hyperocha an ihn halten und selbst gleiche Austheilung des Erlöses fordern. Immerhin wäre ihr Pfandrecht vernichtet, sie hätten nur einen persönlichen Anspruch gegen den verkaufenden Miterben ...". Das *superfluum* könnte im Pfandnexus nur bleiben, wenn man eine Surrogation des Pfandrechtes der Miterben in den „Mehrerlös" annähme (was ganz herrschend zu verwerfen ist) oder man eine ähnliche Folge vertritt wie bei der Mehrfachverpfändung, wobei es aber für eine analog verlaufende Abwicklung an der rechtsgeschäftlichen Grundlage fehlte.

143) „Falsch" deswegen, weil 75 nicht jener Betrag ist, der nach Befriedigung aus der Sachhaftung für die *ganze* Forderung darüber hinaus übrig bleibt. Variieren wir dieses Thema in folgender Fallreihe: Angenommen S hätte eine Teilzahlung noch bei Lebzeiten an den Erblasser (G) geleistet. Dann ergibt sich – völlig klar – bei Verwertung des *ganzen* Grundstückes für die Restforderung durch G (= Prinzip der ungeteilten Pfandhaftung) ein *„echtes superfluum"*. Variante II: Nach Tod verwertet H_1 für seine Teilforderung (25) das ganze Grundstück (Prinzip der ungeteilten Pfandhaftung); die 75 sind *„falsches superfluum"*. Variante III: Der Schuldner zahlt auf die Teilforderungen von H_1 und H_2; H_3 verwertet das Grundstück; wieder sind 75 *„falsches superfluum"*. Variante IV: Der Schuldner zahlt auf die Teilforderungen von H_1, H_2 und H_3; H_4 verwertet das Grundstück; jetzt sind 75 wieder ein *„echtes superfluum"*.

144) Vermeidung eines „falschen superfluum", das nicht im Pfandnexus wäre.

145) Hält sich der geringere Erlös deutlich über der Verschleuderungsgrenze, so werden die Verwertenden schwerlich schadenersatzpflichtig werden können. Diese „Grauzone" bekommt man mit der Rückzahlungslösung ganz gut in den Griff.

Grundstück um 100 zu verwerten. Das erklärt, warum H_2-H_4 die Rückzahlung von 25 anbieten müssen. Die Rückzahlung des *ganzen* Teilbetrages[146]) dient dem Schuldnerschutz.

Die Textpassage *possunt totum fundum vendere oblato* rell. lässt sich mithin am wahrscheinlichsten so deuten: Die Teilgläubiger können das ganze Grundstück verwerten als Konsequenz der ungeteilten Pfandhaftung; aber dann bedarf es wegen der geleisteten Teilzahlung des Korrektivs der Rückzahlungslösung[147]).

Ist also die „*oblato*" rell. – Wortfolge aus dem Gedanken des Schuldnerschutzes[148]) plausibel, so lassen sich von diesem Gesichtspunkt aus auch die von Wacke vorgebrachten Kritikpunkte an der Rückzahlungslösung entkräften: „*oblato*" heißt hier nur rechnerisch anbieten. Damit erhöht sich die aus der Sachhaftung hereinzubringende Forderung um den Rückzahlungsbetrag, der für die Verwertenden eine Schuld gegenüber dem Schuldner ist: Für 25 verwerten H_2-H_4 das Grundstück gleichsam für den Schuldner mit. Damit wird vermieden, dass die Teilgläubiger zu billig verwerten. Effektiv zahlen müssen H_2-H_4 die 25 freilich erst, wenn sich nach der Marktlage ein Erlös hereinbringen ließ, der die erhöhte Forderung deckt. Der einzig denkbare Einwand von H_2-H_4 gegen die Rückzahlungsschuld wäre, dass das Grundstück nicht mehr als (beispielsweise genau) 75 eingebracht hat. Dann lag aber ein Fall der Untersicherung vor, für den der Schuldnerschutzgedanke ohnehin obsolet ist.

146) Dass ein nicht liquider Teilgläubiger sich damit schwer tut und nicht absehbar ist, ob er den Betrag hereinbringt, ist kein Argument, weil sich das Risiko der Untersicherung für die Teilgläubiger genauso darstellt wie ehedem für den Gläubiger. Hinsichtlich der Pfandsicherheit stehen die Erben nicht besser und nicht schlechter als der Erblasser.

147) Das Prinzip der ungeteilten Pfandhaftung wird also entgegen *Sirks* und *Dernburg* nicht (zugunsten von ideellen Teilpfandrechten) preisgegeben, sondern umgekehrt hält man am Prinzip fest, indem man ein Korrektiv zu den Konsequenzen, zu denen es führt, vertritt.

148) Untersuchungen zum Schuldnerschutz liegen derzeit nur verstreut vor; jüngst (zu anderen Stellen) *J. Hofstätter*, War Atilicinus schuldnerfreundlich? Mélanges Sturm I (1999) 225 ff.

Anhang II

Dogmengeschichte am Beispiel des § 1447 ABGB

§ 1447 ABGB lautet: „Der zufällige gänzliche Untergang einer bestimmten Sache hebt alle Verbindlichkeit, selbst die, den Wert derselben zu vergüten, auf. Dieser Grundsatz gilt auch für diejenigen Fälle, in welchen die Erfüllung der Verbindlichkeit, oder die Zahlung einer Schuld durch einen anderen Zufall unmöglich wird. In jedem Falle muss aber der Schuldner das, was er um die Verbindlichkeit in Erfüllung zu bringen, erhalten hat, zwar gleich einem redlichen Besitzer, jedoch auf eine solche Art zurückstellen oder vergüten, dass er aus dem Schaden des Andern keinen Gewinn zieht."

Der einleitend ausgeführte Rechtsgedanke begegnete mehrfach: D 45, 1, 33; D 44, 7, 45 ua (nachträgliche zufällige Unmöglichkeit der Leistung mit der Folge: Der Schuldner wird frei).

Begegnet er nicht nur im Schuldrecht, sondern auch im Sachenrecht? Ja, etwa in Ulp. D 6, 1, 15, 3[149]). Und mit welchem Prinzip hat ihn dort Ulpian begründet? Mit dem *restituere*-Prinzip (etwa D 50, 16, 35 ua), das besagt: Der Besitzer muss den Vindikanten (Eigentümer) so stellen, als hätte dieser die Sache sofort erhalten. Und bei zufälligem Sachuntergang? Wäre dem Eigentümer sofort herausgegeben worden, dann hätte der Eigentümer den Untergangsschaden zu tragen, weil er die allgemeine Sachgefahr trägt: *casus sentit dominus* (der *casus sentit dominus*-Gedanke ist eingeflossen in § 1311 ABGB erster Satz: „Der bloße Zufall trifft denjenigen, in dessen Vermögen oder Person er sich ereignet."[150])).

Somit wird klarer, wieso in § 1447 der redliche Besitzer auftaucht.

Und woher kommt der letzte Halbsatz: So „zurückstellen ..., dass er aus dem Schaden des Andern keinen Gewinn zieht"? Aus dem in den Quellen verstreut vorkommenden „Bereicherungsverbotsgedanken"[151]). Dieser ist sehr allgemein, um nicht zu sagen kontur-

---

[149]) Und noch D 5, 3, 40 pr. ua.

[150]) Und dann ist in § 1311 die Thematik des „bloßen Zufalls" in eine andere Richtung weitergedacht, nämlich einschränkend in der Konstellation des casus mixtus, die ihre Vorlage wiederum etwa in den Stellen D 6, 1, 16, 1, D 6, 1, 36, 1 hat.

[151]) Zur Dogmengeschichte des Rechtsgedankens jüngst *Schanbacher,* Die Gegenwart der Geschichte in der Rechtsprechung des Bundesgerichtshofs – BGHZ 130, 101; FS Mayer-Maly (2002) 652, Anm 86 mwN; *Kaser,* Ius gentium (Köln 1993) 163 f; *Jacobi,* Der Rechtsbegriff der Bereicherung mit dem Schaden eines Anderen, JhJB 4 (1861) insb 160–169; 182–203; *Hesse,* Eine Revision der Lehre vom Irrthum, JhJB 15 (1877) 91. Vgl den Überblick über Quellenbelege bei *Pringsheim,* Bonum et aequum, SZ 52 (1932) 145 ff. Daraus seien herausgegriffen die allgemein redenden Stellen D 50, 17, 206 (Pomp. 9 var. lect.) Iure aequum est neminem cum alterius detrimento et iniuria fieri locupletiorem; hierzu noch *Kaden,* Das Schrifttum der Jahre 1950–1953 zur römischen Bereicherungslehre, SZ 71

los: Kommt er etwas griffiger vor? Ja, bei der Herausgabe des stellvertretenden commodum in D 6, 1, 17 pr.

Sohin sind in § 1447 ABGB *restituere*-Prinzip und Bereicherungsverbotsgedanke zusammen gedacht.

Zeiller[152]) war dies bewusst. Er kommentierte: Die Rechtsfolge der nachträglichen zufälligen Unmöglichkeit gilt für obligatorische Verhältnisse genauso wie für die zufällige Unmöglichkeit des *restituere* im Eigentümer-Besitzer-Verhältnis, wörtlich: „Auf solche Arten erlöschen sowohl dingliche Rechte, als auch persönliche Forderungen ...". Für das dingliche Verhältnis liegt in § 1447 ABGB nicht einfach eine Kreuzung der drei Leitgedanken „*casus sentit dominus*" (§ 1311 ABGB), *restituere*-Prinzip und Bereicherungsverbot vor, vielmehr entpuppt sich mit *Zeiller* ein konsequentes System:

Den ersten Satz „Der zufällige gänzliche Untergang einer bestimmten Sache hebt alle Verbindlichkeit, selbst die, den Werth derselben zu vergüten, auf" erörterte *Zeiller* für das dingliche Verhältnis mit dem *casus sentit dominus*-Gedanken: „Vor allem trifft hier der Rechtssatz ein, dass der bloße Zufall denjenigen treffe, in dessen Vermögen er sich ereignet hat (§ 1311)."[153]) *Zeiller* sah hier sehr klar, wie *casus sentit dominus*-Wertung und *restituere*-Prinzip zusammengehören: Wäre die Sache dem Eigentümer sogleich herausgegeben worden *(restituere*-Prinzip), so hätte der Eigentümer die allgemeine Sachgefahr zu tragen gehabt *(casus sentit dominus)*. Daher gibt es bei zufälligem Untergang der Sache keinen Inhalt des *restituere.* Doch ist die Verpflichtung zum *restituere* in diesem Fall nicht immer ohne Inhalt (vgl etwa die Herausgabe des Veräußerungserlöses bei Verkauf der fremden Sache durch den redlichen Besitzer in D 6, 1, 17 pr. ua).[154]) Der Bereicherungsverbotsgedanke ergänzt den Inhalt des *restituere. Zeiller* setzte daher auch fort: Es kann, „obgleich die Möglichkeit zur Leistung des bestimmten Gegenstandes wegfällt, doch noch die Möglichkeit und Verbindlichkeit zu einem Ersatze, insofern kein Theil auf Kosten des andern, ohne dessen Willen bereichert sein soll, vorhanden seyn."[155]).

(1954) 588 und *Kaser,* Das römische Recht in Südafrika, SZ 81 (1964) 25. Sinngleich: D 12, 6, 14 (Pomp. 21 ad Sab.): Nam hoc natura aequum est neminem cum alterius detrimento fieri locupletiorem; ferner zur (vermiedenen) lucrum-damnum-Relation: D 2, 10, 3, 1 (Iul. 2 dig.): ... ne propter dolum alienum reus lucrum faciat et actor damno adficiatur; D 2, 15, 8, 22 (Ulp. de omn. trib. 5): ... dari repetitionem; nec enim debet ex alieno damno esse locuples; D 3, 5, 44, 2 (Ulp. op. 4): ... quia aequum est in damno eum non versari, actione negotiorum gestorum id eum petere placuit; D 11, 7, 14, 1 (Ulp. 24 ad ed.): ... melius est legatarium non lucrari, quam emptorem damno adfici; D 20, 5, 12, 1 (Tryph. 8 disp.): ... ne ex aliena iactura sibi lucrum adquirat; D 23, 3, 6, 2 (Pomp. 14 ad Sab.): ... non conveniat aut lucrari aliquem cum damno alterius aut damnum sentire per alterius lucrum; D 23, 3, 16 (Ulp. 34 ad Sab.): ... nec debeat maritus lucrari ex damno mulieris ...; D 27, 9, 13, 1 (Paul. l. sing. ad or. divi Severi): ... si lucrum captet pupillus ex damno alieno; D 39, 2, 18, 15 (Paul. 48 ad ed.): praetor id agat, ne damnum faciat actor, non ut in lucro versetur; und viele mehr. Zum „Fortwuchern des Gedankens" (*Schwarz,* Condictio, 306 Anm 17) in den Basiliken näher *Pringsheim,* aaO 148 f.

152) Commentar, IV, 180.

153) AaO, 180.

154) Und für das obligatorische Verhältnis ergibt sich entsprechend: Gibt es ein stellvertretendes *commodum,* so ist dieses zu leisten, damit keine Bereicherung verbleibt.

155) AaO, 180.

Damit wird deutlich, wie *casus sentit dominus*-Gedanke (§ 1311 ABGB), *restituere*-Prinzip und Bereicherungsverbot zusammenhängen[156]): Die *restituere*-Verpflichtung ist nicht schon durch § 1311 ABGB erloschen, sondern es kann sich noch aus dem Bereicherungsverbot ein Inhalt des *restituere* ergeben.

Welche These könnte sich damit abzeichnen? Die These, dass dem *restituere-Prinzip der Bereicherungsverbotsgedanke inhärent (innewohnend) oder doch mit ihm zusammen zu denken ist.*

Jedoch genauer, wie? Nicht nur so, dass das Bereicherungsverbot das *restituere* ausfüllt, sondern *auch umgekehrt,* dass der Bereicherungsverbotsgedanke das *restituere*-Prinzip begrenzt? Lässt sich bei *Zeiller* dafür etwas gewinnen? Zusammen gedacht sind beide Prinzipien an verschiedenen Orten: Im Kommentar zu den §§ 331, 336, 378, 416 (und eben § 1447) ABGB kehrte *Zeiller* hervor, dass das *restituere*-Prinzip des Eigentümer-Besitzer-Verhältnisses durch den Bereicherungsverbotsgedanken „dass niemand aus dem Schaden eines anderen Gewinn ziehen soll" näher bestimmt wird. Und zu § 336 ABGB vertrat *Zeiller*[157]) tatsächlich nun die Begrenzung des *restituere* durch das Bereicherungsverbot *zum Schutz des unredlichen Besitzers:* „So gerecht es ist, dass der unredliche Besitzer den Eigentümer in den Zustand setze, in welchem er sich ohne den mittlerweiligen Entgang des Besitzers befinden würde; so gerecht ist doch auch andererseits die Forderung des unredlichen Besitzers, dass der Eigentümer sich nicht auf fremde Kosten bereichere, und ihm den Abzug der Kosten und Lasten verweigere, die ihn zur Erhaltung der Substanz, zur Erlangung der offenbaren Verbesserungen, oder zur Erzielung der Nutzungen ebenfalls getroffen haben würden."

Die dogmengeschichtliche Vorlage dazu findet sich in D 5, 3, 38 (Paul. 20 ad ed.) betreffend die Erbschaftsklage (für die – wie für die Vindikation – ja auch das *restituere*-Prinzip gilt): Selbst dem bösgläubigen Besitzer ist die Impensenerstattung zuzubilligen mit der Begründung, dass sich der Eigentümer nicht auf Kosten des Besitzers bereichern soll (... non enim debet petitor ex aliena iactura lucrum facere). Pate stand hier offenbar noch C 3, 32, 5, wonach dem Bösgläubigen freilich nur für die notwendigen Impensen Aufwandersatz zusteht und er für die nützlichen auf ein Wegnahmerecht verwiesen wird.

Die Begrenzung, oder besser Präzisierung des *restituere* durch das Bereicherungsverbot ist damit für die zweipersonalen Verhältnisse evident. Und wie würden *restituere* und Bereicherungsverbot in dreipersonalen Verhältnissen zusammen passen?

Das Problem stellt sich in den unter dem Schlagwort „gutgläubiger Erwerb des Retentionsrechts" vorkommenden Konstellationen: Der Besitzer (B) einer Sache, die dem Eigentümer (E) gehört, gibt sie bei einem Werkunternehmer (U) in Reparatur. E vindiziert die

156) Bei *Pisko* in *Klang,* Kommentar² 6, 555 findet sich zu § 1447 ABGB für das Eigentümer-Besitzer-Verhältnis noch der Zusammenhang von restituere-Inhalt und Bereicherungsverbot: „Denn der Empfänger des Entgelts darf gemäß § 1447 ‚zum Schaden' des Gebers überhaupt ‚keinen Gewinn ziehen', also auch nicht den Gewinn, den § 30 dem redlichen Besitzer auf Kosten des Eigentümers belässt."

157) Commentar, II, 153 f. Dass § 336 ABGB jedoch dem unredlichen Besitzer nicht die Aufwandsersatzregeln des § 1036 ABGB zubilligt, hebt *Meissel,* Geschäftsführung ohne Auftrag (Wien 1993) 182 f hervor.

reparierte Sache von U. Hat U das Zurückbehaltungsrecht nach § 471 ABGB (der erst durch die dritte Teilnovelle in das ABGB kam) wegen des Reparaturaufwandes? (da sonst E auf Kosten des U um den Reparaturaufwand bereichert[158]) wäre?).

Und wenn das Bereicherungsverbot ohnedies im *restituere* des § 366 zu berücksichtigen ist? Dann erspart man sich die Diskussion um einen „gutgläubigen Erwerb" des Zurückbehaltungsrechts (den es nicht gibt).

Das wäre freilich noch eingehender zu untersuchen.

Sehr rudimentär könnte eine Lösungsskizze etwa lauten:

Nach dem Kommentar von *Zeiller* dürfte gesichert sein, dass das Bereicherungsverbot im zweipersonalen Verhältnis den Herausgabebeklagten als Aufwendenden nach § 331 oder § 336 schützt. Vindiziert E von U, so ist U Vindikationsbeklagter und Aufwendender und daher durch das im *restituere*-Prinzip mit zu denkende Bereicherungsverbot geschützt. Gibt U, der Detentor für B ist, die Sache an E heraus, so kommt es kurzer Hand zum *restituere* im Eigentümer-Besitzer-Verhältnis E – B. Dieses Eigentümer-Besitzer-Verhältnis ist maßgeblich für die Berechnung des Aufwandersatzes, weil E aus dem *restituere* des B keinen Gewinn nach § 331 oder § 336 ziehen soll. Da B nicht der Herausgabebeklagte und Aufwendende ist, spielt das Bereicherungsverbot im *restituere* nur für U eine Rolle und nicht für B.

Beim *restituere* im kurzen Weg fallen die Stellungen *„Herausgabebeklagter und Aufwendender"* auf die Sache des E bei U zusammen und mit dem *restituere* des B auseinander. Gibt U an B heraus, so sind *restituere* des B und die Rollen als *Herausgabebeklagter und Aufwendender* nun bei B beisammen. Für den Aufwandersatz nach dem Bereicherungsverbotsgedanken kann es keinen Unterschied machen, ob es zum restituere im kurzen Weg oder im langen Weg kommt. Da E im einen wie im anderen Fall seine Sache vom Aufwendenden herausverlangt, wäre nicht einzusehen, dass E im einen Fall (von U) bereicherungsfrei vindiziert und im anderen (von B) erstattungspflichtig.

Daraus ergibt sich: Im unproblematischen Normalfall, wo U an B herausgibt und B an E, greift der Bereicherungsverbotsgedanke (der sowohl hinter § 331 als auch hinter § 336 steckt) im Verhältnis E zu einem redlichen Besitzer nach § 331 und zu einem unredlichen Besitzer nach § 336 ein. Befindet sich die Sache bei U und vindiziert E von diesem, so würde sich ein Wertungswiderspruch zur Herausgabe im langen Weg ergeben, wenn E weder dem U noch dem B den Aufwand zu ersetzen hätte. Benennt U den Auktor (§ 22 ZPO), so ist sogleich der Normalfall hergestellt und das Bereicherungsverbot wirkt zwischen E und B[159]) (je nachdem nach § 331 oder § 336), weil *restituere* und damit einhergehendes Bereicherungsverbot zwischen E und B abzuwickeln sind. Sind *restituere* und Bereicherungsverbot beisammen, so schützt den U das Bereicherungsverbot gegen E nicht mehr, wenn er die Sache dem B herausgibt[160]). Lässt sich U auf die Vindikation ein, so wäre

---

[158]) Und wie kann man differenzieren, ob der Betrag der Reparaturrechnung zu zahlen ist oder der Vorteil der reparierten Sache zu vergüten ist, soweit dies für den E nützlich war?

[159]) Wenn B den Aufwand getragen hat.

[160]) In die Lage aber, wo dem U das Bereicherungsverbot nicht mehr hilft, weil er an B herausgab (ungesichert vorleistete) bzw den Vormann benannte, manövriert sich U selbst.

E durch die Herausgabe der reparierten Sache zum Schaden des U bereichert, indem E dem B[161]) nicht nach § 331 oder § 336 Aufwandersatz leisten muss. Das dem Eigentümer-Besitzer-Verhältnis – in der abgestuften Form von § 331 und § 336 – immanente Bereicherungsverbot ist auch im Verhältnis E zu U zu beachten, wenn (der Aufwendende) U die Sache an E herausgibt und sich daher die Frage des *restituere* durch Herausgabe im Verhältnis E – B nicht mehr stellt. Der Gewinn, den E aus dem Schaden des U zöge, ist für E kein anderer Gewinn als die Bereicherung, die bei ihm durch den Wegfall des Ersatzes nach § 331 oder § 336 gegenüber B einträte. Hat U von einem unredlichen B die Sache zur Reparatur erhalten, so begrenzt das Bereicherungsverbot den Ersatz des U nach § 336, weil E aus der reparierten Sache nur den Gewinn hätte, dem B nicht Aufwandersatz nach § 336 leisten zu müssen. Ist B redlich, so ist dem U, sofern für B kein Aufwandersatzanspruch entstanden ist[162]), der Reparaturaufwand nach § 331 zu ersetzen, auch wenn U bösgläubig ist[163]).

Schlussfolgerung:

Diese Lösung trägt einerseits dem von *Klang*[164]), *Gschnitzer*[165]), *Spielbüchler*[166]), *Apathy*[167], *Wilburg*[168]), (vermutlich auch) *Koziol/Welser* und der Rsp[169]) anerkannten – wenngleich in der Begründung unterschiedlich gebilligten – Rechtschutzbedürfnis des aufwendenden Werkunternehmers Rechnung, andererseits aber auch (teilweise) den von *Rummel*[170]), *Jabornegg*[171]), *Petratsch*[172]) *und Wilhelm*[173]) erhobenen Bedenken.

1) Mit *Rummel, Jabornegg, Apathy, Koziol, Welser, Petratsch* und *Wilhelm* sollte die Rsp die hybride Denkfigur eines „gutgläubigen Erwerbs eines Zurückbehaltungsrechts" besser preisgeben. Dieser lässt sich – wie die Genannten gezeigt haben – für das ABGB nicht

---

161) Dem kein Aufwand entstanden ist.

162) Mithin im Fall, dass B die Reparaturrechnung nicht bezahlt (und insolvent ist).

163) Diesem mithin die wahren Eigentumsverhältnisse bekannt sind. Für die verpönte „Schaden-Gewinn-Korrelation" kommt es auf die Gut- oder Bösgläubigkeit des U nicht an, weil E aus dem *restituere des B* keinen Gewinn ziehen soll und E den Gewinn hätte, *dem B* nicht den Aufwand nach § 331 ersetzen zu müssen. Tritt U vom Vertrag mit B zurück, so steht er dadurch gegenüber E weder besser noch schlechter, so wie sich dadurch auch in der Ersatzberechnung für E nichts ändert.

164) In *Klang*, Kommentar^2 II, 545.

165) Sachenrecht, 207.

166) Der Dritte im Schuldverhältnis, 256 ff und zuletzt in *Rummel*^{2} zu § 334 Rz 2.

167) Der Verwendungsanspruch (1988) 91 ff.

168) JBl 1992, 550 f.

169) OGH 15. 11. 1990, 7 Ob 615/90 (= JBl 1991, 241 ff) mit Glosse von *Rummel*.

170) Gutgläubiger Erwerb von Retentionsrechten? JBl 1977, 521 ff; zuletzt JBl 1991, 241-244 mwN.

171) Zurückbehaltungsrecht und Einrede des nicht erfüllten Vertrages, 281 f; JBl 1983, 143.

172) In *Rummel*^{2} zu § 471 Rz 8 lit a mwN.

173) ecolex 1991, 145.

begründen. Für das geschilderte Problem braucht es diesen Gedanken auch nicht. Folgt man der skizzierten Lösung, so könnte die Rsp gleichwohl ihre Judikatur aufrechterhalten, aber mit anderer Begründung.

2) Da U in der Rolle als *Herausgabebeklagter und Aufwendender* durch das Bereicherungsverbot im *restituere* geschützt ist, dürfte sich auch der von *Spielbüchler* gesehene Wertungswiderspruch abschwächen.

3) Für den (erwünschten) Bereicherungsausgleich bedarf es keines Verwendungsanspruchs. Somit kommt man auch nicht in die Verlegenheit, diesen hier vom (für das ABGB einhellig abgelehnten) Versionsanspruch abzugrenzen.

4) So sehr sich das Bereicherungsverbot im *restituere* zwar im Ergebnis dem Verwendungsanspruch U – E nähert, indem sich die Kenntnis oder Unkenntnis der Eigentumsverhältnisse für U als bedeutungslos erweist, entgeht diese Lösung aber doch dem Einwand, dass E auf die Schuld des B zahlen müsste[174]). E zahlt nicht auf eine fremde Schuld, sondern E vergütet den Aufwand, den er bei *restituere* im Eigentümer-Besitzer-Verhältnis nach § 331 oder § 336 erstatten muss.

Zum Zurückbehaltungsrecht im Dreieck findet sich eine Stelle bei Paul. D 10, 3, 14, 1 (3 Plaut.):

Der redliche Besitzer macht Aufwendungen auf die fremde Sache und verkauft sie weiter. Wegen dieser Aufwendungen hat der Käufer das Zurückbehaltungsrecht gegen den Eigentümer, so wie der Verkäufer zurückbehalten hätte können: Impendiorum nomine, quae ego fecissem, ita ut ego poterat retentionem facere[175]).

---

[174]) So *Rummel,* JBl 1991, 243 gegen die Lösung des Verwendungsanspruchs: „Welche Schuld zahlt der Eigentümer eigentlich, um die Sache auszulösen? Gegen seinen Willen die des Vorbehaltskäufers?“

[175]) Zum „Wertedreieck“: *Alfons Bürge,* Retentio im römischen Sachen- und Obligationenrecht (Zürich 1979) 211 ff.

Quellenregister

Stichwortverzeichnis